跨国公司在华并购问题研究

KUAGUO GONGSI ZAIHUA BINGGOU WENTI YANJIU

张 超 ◎ 著

中山大学出版社
SUN YAT-SEN UNIVERSITY PRESS

·广州·

版权所有　翻印必究

图书在版编目（CIP）数据

跨国公司在华并购问题研究／张超著．—广州：中山大学出版社，2016.7
ISBN 978-7-306-05785-3

Ⅰ．①跨… Ⅱ．①张… Ⅲ．①跨国公司—企业兼并—研究—中国 Ⅳ．① F279.247

中国版本图书馆 CIP 数据核字（2016）第 188019 号

跨国公司在华并购问题研究
kua guo gong si zai hua bing gou wen ti yan jiu

出 版 人：	徐　劲
策划编辑：	陈　露
责任编辑：	范正田
封面设计：	汤　丽
责任校对：	秦　夏
责任技编：	汤　丽
出版发行：	中山大学出版社
电　　话：	编辑部 020-84111996，84113349，84111997，84110779
	发行部 020-84111998，84111981，84111160
地　　址：	广州市新港西路 135 号
邮　　编：	510275　　传　真：020-84036565
网　　址：	http://www.zsup.com.cn　E-mail：zdcbs@mail.sysu.edu.cn
印 刷 者：	虎彩印艺股份有限公司
规　　格：	787mm×1092mm　1/16　13 印张　156 千字
版次印次：	2016 年 7 月第 1 版　2016 年 7 月第 1 次印刷
定　　价：	39.00 元

如发现本书因印装质量影响阅读，请与出版社发行部联系调换

前 言

20世纪90年代以来，随着我国市场进一步开放，投资环境不断改善，跨国公司在华的并购活动开始逐渐增多，跨国并购逐渐与绿地投资成为我国吸引外商直接投资的两种主要模式。近年来，国家更加鼓励和引导外商采用国际通行的跨国并购方式参与国有企业改造、重组，并相继出台了一系列扩大开放的政策。这些政策的实施使得跨国公司频频并购我国企业，跨国公司在华的并购额从2000年的22.5亿美元增加到2013年的129.7亿美元。

并购规模不断扩大引起了产业界和学术界的广泛关注，部分国内企业开始反对，甚至结成联盟反对外资并购同行业企业，也有很多专业人士开始担心中国的民族品牌会被外资消灭、雪藏。本书首先探讨跨国公司并购我国企业的发展历史及现状，进而对跨国公司进入模式选择的一般理论进行比较和评析，在此基础上，构建基于国内企业反应的跨国公司进入模式选择模型，从理论上分析引入国内企业反应将如何影响跨国公司进入模式选择以及东道国福利水平的问题，并用实际案例对此做了经验实证。接着以改进的Hotelling模型探究跨国公司并购后的品牌策略，分析跨国公司在以利润最大化为目标的情况下对自身品牌和并购品牌的使用情况，并采用跨国公司在华并购的实际案例进行了经验实证。最后提出促进外资在华并购健康发展的相关政策建议。主要观点如下：

其一，在装备制造、啤酒、医药和化工领域，山工机械、徐工、青岛啤酒、雪津啤酒、华北制药、东盛制药、华润涂料、山东中轩、北京统一石油化工等一大批国内龙头企业先后遭到外资并购。这使得我国外资市场占有率迅速提高，但是对我国产业安全的威胁目前并没有显现。

其二，理论分析表明：跨国公司并购我国企业后，在大多数情况下并不会选择弃用我国民族品牌。现有民族品牌被弃用的例子，可能是因为我国部分民族品牌原有的运作方式同跨国公司的品牌运作方式不兼容，造成跨国公司并购后的多品牌经营的维护成本过大。所以，不必将外资并购视作洪水猛兽，我国企业需要和外国资本合作，使民族品牌得到更好的发展。

其三，案例分析表明：跨国公司并不会在花大价钱收购了中国的品牌后而故意弃用，要视其公司品牌战略和具体的市场约束条件而定。有些民族品牌其实在外资的运营下得到了很好的发展，如中华牙膏、南孚电池等。至于市场最为担心的民族品牌被外资挟持走向没落，确实有许多可以寻找得到的先例，但对于这一结果的原因分析却是错误的。并不是因为外资收购了本地品牌导致本地品牌没落，而是因为在激烈的市场竞争的环境下，有些品牌本来就会被市场淘汰。

其四，理论分析表明：当跨国公司有高水平技术，且国内企业联盟成本很小时，国内其他企业往往会联盟阻止跨国公司的并购进入。这保护了国内企业的原有利润，通常被认为可以增进国内福利，提高国家产业安全，但与此同时，外资并购带来的国内消费者福利改进却被忽略了。综合考虑国内企业和消费者的总福利，可以发现，拥有高水平技术的跨国公司的并购进入对社会福利有积极影响，限制国内其他企业对并购的阻止，将提升我国福利水平，加强国家产业安全。

其五，案例分析表明：由于国内企业及相关利益团体经常以危及国内产业安全、消灭民族品牌、形成垄断等名义反对外资并购，以至引导媒体舆论，惊动上层，进而商务部对并购事件进行安全审查，最终使得外资并购计划不一定成功。这说明，跨国公司在选择进入模式时，在考虑自身战略、被并购企业情况及利益因素之外，还需要考虑国内同行业其他企业的反应。

根据研究分析结果，本书提出以下主要政策建议：

一是推动跨国并购健康发展，获取来自竞争的繁荣。跨国并购加快民营企业进入门槛的降低，增加市场竞争主体，加剧市场竞争，促进国内企业核心竞争力提升，推动技术进步和产业结构升级，使中国企业获取来自竞争的繁荣。

二是完善外资并购法律法规，对外资并购涉及国家安全的领域进行细化，建立切实可行的经营者集中审查和国家安全审查程序，明确行政垄断的范围，逐步限制和取消各类行政垄断，完善滥用知识产权及其惩处的相关规定，引导和规范跨国公司并购国内企业的行为。

三是引进战略投资者，提升企业的核心竞争力。应审时度势，把握机遇，把引进战略投资者作为招商引资的重中之重；加大政府对引进战略投资者的支持力度和协调力度，为战略投资者的引进创造良好的条件；精心筛选招商引资项目，培育具有吸引力的项目载体；建立潜在战略投资者信息档案库。

四是加强我国企业自主品牌建设，增强企业的可持续发展能力。企业应充分认识创建品牌的重要性，抓住一切有利条件，选准目标市场，明确品牌定位，制订切合实际的品牌发展规划，自主研发，培育核心竞争力，以技术创新为支撑，不断提高产品的技术含量，不断开发新产品。

五是发展中小企业自主创新能力。完善中小企业融资信用担保制度，大力发展中小金融机构，尽快实现中小企业板向创业板的过渡；建立健全中小企业技术创新的激励机制和服务支持系统，降低中小企业技术创新风险；建立健全人才激励机制，鼓励中小企业将技术引进和技术创新有效结合，提升中小企业的创新能力。

回顾本书的写作过程，在此特别感谢我敬爱的导师刘志忠副教授，没有他的指导和帮助，我不可能完成本书的写作。湖南大学经济与贸易学院的王耀中教授、张阳博士给予了我无私的关怀和莫大的帮助，在此深表谢意。感谢家人对我的默默奉献和全力支持！衷心感谢所有关心、帮助和鼓励过我的师友和至亲，谢谢你们！

张　超

2016 年 1 月 8 日

contents —————— 目 录

第一章

绪 论 / 1

◇ 第一节　选题背景及研究意义 / 3
◇ 第二节　文献综述 / 6
◇ 第三节　研究内容及框架 / 18

第二章

跨国公司在华并购的发展历史分析 / 21

◇ 第一节　跨国公司在华并购的政策背景 / 23
◇ 第二节　跨国公司在华并购的发展历程 / 27
◇ 第三节　跨国公司在华并购的产业分析 / 29

第三章

跨国公司进入模式选择的一般理论分析 / 47

◇ 第一节　跨国公司的进入模式选择
　　　　——基于 Görg（2000）模型的分析 / 49
◇ 第二节　跨国公司的进入模式选择
　　　　——基于 Mattoo 和 Saggi（2004）模型的分析 / 52
◇ 第三节　Görg（2000）模型与 Mattoo 和
　　　　Saggi（2004）模型的比较及缺陷 / 56

第四章

跨国公司进入模式选择及国内福利分析 / 59

- 第一节　双寡头的基本模型 / 61
- 第二节　考虑联盟成本的三寡头扩展模型 / 66
- 第三节　结果分析 / 74

第五章

跨国公司在华并购受审查的案例分析 / 75

- 第一节　美国凯雷集团并购徐工 / 77
- 第二节　法国炊具业巨头 SEB 并购苏泊尔 / 83
- 第三节　美国可口可乐并购汇源 / 89
- 第四节　小结 / 94

第六章

跨国公司并购后的品牌策略：一个理论分析 / 95

- 第一节　Hotelling 基本模型 / 98
- 第二节　跨国公司并购进入的品牌策略分析 / 99
- 第三节　结果分析 / 107

第七章

跨国公司在华并购的品牌策略案例分析 / 109

- 第一节　南孚电池被外资并购案例 / 111
- 第二节　中华牙膏被外资并购案例 / 116
- 第三节　熊猫洗衣粉被外资并购案例 / 120
- 第四节　小结 / 122

第八章

跨国公司在华并购的新变化 / 125

◇ 第一节　跨国公司在华并购交易量减少 / 127
◇ 第二节　政府对外资并购的监管审查趋严 / 131
◇ 第三节　国内企业竞争力增强，
　　　　　由被外资并购转变为海外并购 / 135

第九章

政策建议 / 139

◇ 第一节　完善外资并购法律法规，
　　　　　引导和规范跨国公司并购国内企业行为 / 141
◇ 第二节　积极引进战略投资者，提升我国企业核心竞争力 / 143
◇ 第三节　推动跨国并购健康发展，获取来自竞争的繁荣 / 147
◇ 第四节　加强自主品牌建设，增强企业的可持续发展能力 / 150
◇ 第五节　培养中小型企业自主创新能力，
　　　　　从根本上增强国家竞争力 / 152

参考文献 / 157

附　件　外商投资产业指导目录（2015年修订） / 165

绪 论 第一章

第一节 选题背景及研究意义

从改革开放之初到20世纪80年代末,我国先后对国有企业实行扩权让利、承包经营责任制、股份制等方面的改革。这些改革措施,对国有企业经济效益的改善和推进中国经济发展起到了一定的积极作用,使国有企业的活力有所增强,为进一步的深化改革积累了经验。但由于国有企业的改革措施仅限于在国家和企业之间做一些局部利益和权利的调整,未能触及传统的国有企业制度本身,一些长期困扰企业发展的问题依然存在,国有企业在改革和发展中陷入了困境。外资并购对深化国有企业的产权制度改革,改善国有企业的公司治理结构,从整体上优化国有资产配置和提高企业效率具有积极的意义。进入90年代,为了摆脱国有企业的发展困境,建立国有企业的现代企业制度,实现企业的可持续发展,同时也为了适应中国经济的国际化进程,进一步在投资政策、市场准入、国民待遇等问题上扩大开放程度,我国政府开始逐步放宽外资并购我国企业的政策限制,连续颁布实施了《关于当前进一步鼓励外商投资意见的通知》《关于外商投资股份公司有关问题的通知》《关于上市公司涉及外商投资有关问题的若干意见》《关于向外商转让上市公司国有股和法人股有关问题的通知》《合格境外机构投资者境内证券投资管理暂行办法》《外国投资者并购境内企业的暂行规定》等一系列有利于外资并购的政策法规。

随着我国并购政策限制的逐步放松,投资环境不断改善,跨国公司在华的并购活动开始逐渐增多,并购规模不断扩大。在1990年,我国跨国并购金额仅为0.08亿美元,占当年FDI的0.23%,但到了2005年,跨国并购金额迅速增加到82.5亿美元,在FDI中所占份额上升为11.39%。与此同时,跨国并购的领域不断扩大,从零售、日化、啤酒、医药、电子通信设备制造、化工、汽车等一般工商领域迅速延伸到金融、能源、电信乃至军工和重大装备制造等领域。其中,在装备制造业领域,大连电机厂、西北轴承、沈阳凿岩机械、山工机械等龙头企业先后被外资并购,中国最大的工程机械制造企业徐工机械被凯雷投资集团并购时,还遭到了同行业企业三一重工的反对;在日化产业领域,一大半的市场份额已经被国外品牌所占领,被并购的民族品牌,一部分如欧莱雅收购的护肤品品牌"小护士"和"羽西"、联合利华收购的牙膏品牌"中华"等得到了更好的发展,而另一部分如宝洁收购的洗衣粉品牌"熊猫"、联合利华收购的牙膏品牌"美加净"、宝洁收购的洗衣粉品牌"高富力"、美洁时公司收购的洗涤用品品牌"活力28"等却被跨国公司弃用,甚至在市场上逐渐消失;在啤酒产业领域,珠江啤酒、金威啤酒、重庆啤酒、青岛啤酒、哈尔滨啤酒、雪津啤酒、银燕啤酒等国内啤酒龙头企业已经先后被英博、荷兰喜力、AB、苏格兰纽卡斯尔、SABMiller等国际啤酒巨头并购。

  外资并购规模的扩大,特别是国内龙头企业被并购的规模增大,引起了产业界和学术界的广泛关注,更引起了我国政府对国家产业安全的担忧。部分国内企业开始反对,甚至结成联盟反对外资并购同行业企业。在中国工程机械行业中,三一重工反对全球私募投资机构凯雷集团并购中国最大的工程机械企业徐工,引起了国内媒体及政府的极大关注,商务部加大审批力度,最后导致凯雷收购徐工的目标股权比例在近一年半的时间里从85%下降到50%,再下降到45%。在炊具行业中,法国炊具巨头SEB并购苏泊尔一案引起了国内炊具行业的普遍担忧。2006年8月29日，爱仕达、双喜、顺发等六家炊具企业在北京联合对外发布了《关于反对法国SEB集团绝对控股苏泊尔的紧急联合声明》，呼吁国家出面干预收购事件。与此同时，2006年6月，国家发改委和商务部着手制定外资并购限制实施细则，列出受限制的行业目录，再分行业拟定具有针对性的限制政策，其中，国家发改委工业司公布的《国务院关于加快振兴装备制造业的若干意见》提出，当大型重点骨干装备制造企业控股权向外资转让时，应征求国务院有关部门的意见。2006年8月，商务部第7次部务会议修订通过《关于外国投资者并购境内企业暂行规定》，加强了对重点行业、中国驰名商标和中华老字号外资并购的审查。2007年8月30日，全国人大常委会表决通过《中华人民共和国反垄断法》，该法律明确提出对涉及国家安全的外资并购进行两种审查。2007年12月1日，国家发改委和商务部联合颁布《外商投资产业指导目录》，进一步规范外资并购。2011年8月26日，商务部颁布了外资并购领域新规《商务部实施外国投资者并购境内企业安全审查制度的规定》，规定对外资准入的领域及持股进行限制。2015年3月，国家发改委和商务部再次对外商投资产业指导目录进行修订，发布了《外商投资产业指导目录（2015年修订）》，自2015年4月10日起施行。

在此背景下，本书主要研究在我国全方位对外开放的背景下，跨国公司进入我国的主要模式选择、不同进入模式对我国经济利益的影响，以及当跨国公司选择并购模式进入中国市场时，其品牌策略是怎样的，是否会故意弃用或雪藏我国的民族品牌。在整体上，我国仍然必须继续坚持对外开放的方针，积极引进国外资金、先进技术和管理经验，但如何从理论和实践上，在法规和机制两方面采取有效措施保护国有资产利益，维护国家产业安全，也需要深入研究。

鉴于此，本书研究成果对我国企业引入跨国公司并购和维护国家产业安全有重要的指导作用，对建立和完善互利共赢开放战略的理论和政策体系也有一定的现实意义。

第二节 文献综述

一、跨国公司进入模式选择研究

跨国公司主要以并购（Acquisition）和新建投资两种模式进入东道国市场。新建投资，又称绿地投资（Greenfield Investment），是指跨国公司通过直接投资在国外目标市场创建新企业或新工厂，形成新的生产经营单位和新的生产能力。有关跨国公司这两种进入模式的研究主要分为理论研究和实证研究。

1. 有关跨国公司进入模式选择的理论框架

在国外，Buckley 和 Casson(1998)最早在这方面做出了开拓性研究，他们不仅基于市场信息、合作调整及适应技术提出几个重要的附加成本变量，而且还总结了市场结构和竞争强度（competition intensity）是影响跨国公司进入模式选择的两个关键因素[1]。他们的研究提供了一个综合性的理论框架，为更详细深入的模型分析打下了基础。在 Buckley 和 Casson 之后，对于这两种进入模式选择的理论研究大概可以归为三类。

一类以古诺模型（Cournot model）为分析工具。Görg（2000）分析表明，在一个不均衡的国内双寡头垄断市场上，如果新设企业获得国内市场信息的附加成本很高，那么跨国公司的最佳选择是以并购一家高技术企业的模式进入东道国市场，而东道国在绿地投资的情况下有更高的福利水平[2]。在此基础上，Mattoo 和 Saggi（2004）把模型扩展为多寡头垄断的东道国市场，并分析了技术转移的影响。当跨国公司面临较高的技术转移成本时，它偏好于以绿地投资模式进入东道国市场，但这时并购的进入模式更能提升东道国的福利水平[3]。Susana Iranzo（2004）则通过古诺模型的分析认为，由于跨国并购能减少进入东道国市场的附加成本，并弱化市场竞争，因此，除非在东道国的市场进入中专有资产一点都不重要，否则，在跨国公司能选择其最理想并购目标的情况下，并购的进入模式总是比绿地投资的进入模式更好[4]。Leo Grünfeld（2005）分析认为，在两个大小相似的国家间，技术领先国家的跨国公司将总是并购者，而在两个大小不一样、技术水平相同的国家间，小国的跨国公司会成为并购者[5]。

另一类以 Hotelling 模型为分析工具，其中，Müller（2001）、Eicher 和 Kang（2005）的研究最有代表性。Müller（2001）的研究表明，如果市场竞争强度非常大或者很小，那么，跨国公司将选择以绿地投资模式进入东道国市场；如果市场竞争强度处于中间水平，那么跨国公司选择以并购模式进入[6]。在此基础上，Eicher 和 Kang（2005）进一步分析了跨国公司更容易选择以并购模式进入市场容量大的国家，而选择以绿地投资模式进入市场容量小的国家[7]。

第三类以其他模型为分析工具。Pehr-Johan Norbäck 和 Lars Persson（2002）认为，虽然并购可以使得跨国公司在东道国占有更有利的市场地位，但是由于并购价格的增长快于利润的增长，跨国公司通过并购进入东道国市场所获得的利润可能会少于绿地投资所获得的利润[8]。Thomas MuÄlle（2002）则认为，对于跨国公司来说，在产量竞争的条件下技术外溢效应使得并购的进入模式劣于绿地投资的进入模式,而在价格竞争的条件下则刚好相反,并且有关潜在技术外溢的不对称信息总会减少跨国并购发生的数量[9]。Ben Ferrett(2004)发现,跨国并购多发生在市场容量小的国家,而绿地投资多发生在市场容量大、新建成本小的国家,并且跨国并购通常比绿地投资创造更多的利润但更少的消费者剩余[10]。Volker Nocke 和 Stephen Yeaple(2005)认为跨国公司选择绿地投资一般比选择并购更有效率,并且来自生产成本与东道国差不多的国家的跨国公司将选择并购模式进入东道国市场,来自成本很高的国家的跨国公司将选择绿地投资的模式进入成本较低的东道国市场[11]。

在国内,程新章和胡峰(2003)通过 Hotelling 模型的分析认为,对于跨国公司来说,当市场竞争激烈程度弱时,绿地投资是最优的进入模式,而当竞争激烈时,并购将是最优的进入模式[12]。姚战琪(2004)则通过古诺模型分析了跨国公司如何在并购与绿地投资两种进入模式间进行选择[13]。冯春丽和刘海云(2005)[14]、吴俊杰(2005)[15]、何慧书和吴江(2006)[16]等学者也以古诺模型为分析工具,探讨了跨国公司在不同技术转移成本下的不同进入模式选择及国内福利变化。

通过构建数理或几何模型,有较多学者基于博弈分析得出跨国公司的进入模式选择。余竑(2006)认为,当前越来越多的国际贸易协定制约了东道国政府贸易政策的使用,而约束东道国政府 FDI 政策使用的国际协议较少,其通过对国内公司、跨国公司及东道国政府三者之间的博弈模型分析表明,即使东道国政府在可自由设置其贸易政策(或 FDI 政策),而另一种 FDI 政策(或贸易政策)受到制约的情况下,其均衡政策也不会扭曲跨国公司进入模式;而且在给定的自由贸易政策约束下,东道国的 FDI 政策主要起到一种分配作用,即通过这种FDI政策可使得东道国政府从外国投资者身上获得额外租金[17]。黄宇驰（2007）认为，交易成本理论在分析企业进入模式的选择时，将机会主义作为关键的假设，但这种分析忽略了知识是以各种方式结合在一起的，这种结合减弱了机会主义的威胁，因此，一种不同于交易成本的框架——以知识为基础的框架——建立起来了。这个框架将知识为基础的能力区分为建构能力和组合能力，它们影响着跨国公司进入模式的选择。企业的知识战略对跨国公司进入模式的选择也有直接或间接的影响[18]。范兆斌、苏晓艳（2008）认为，跨国公司的市场进入模式的基本问题主要有三个：所有权安排、产品策略和投资方式。其以影响跨国公司进入模式选择的三大因素（产业因素、企业因素和区位因素）为基础，构建了一个分析跨国公司市场进入决策的一般性理论框架，以探讨跨国公司进入模式的结构决定[19]。李元旭、周瑛（2006）从知识转移的角度出发，从三个维度分析了跨国公司进入模式决策，提出跨国公司的知识隐含性水平、焦点企业的知识转移能力和吸收能力共同限定进入模式的可选择范围，企业国际化动机确定进入模式决策的最优解的观点[20]。邱伟年（2012）认为，西方发达国家的跨国公司在进入与其文化制度差异极大的发展中国家市场的过程中，一个重要的决定性因素是获取必要的组织合法性资源，并且不同的进入模式能够获取到的组织合法性类型和总量各不相同。其以构建一个跨国公司进入模式选择与组织合法性获取之间的关系的理论框架为基础，分析改革开放以来跨国公司在华市场进入模式历经"由出口进入，到合同进入，再到投资进入"的演变路径，为中国企业成功实施"走出去"战略提供获得组织合法性路径的新思路[21]。

2. 有关跨国公司进入模式选择的影响因素研究

在国外，多数学者直接实证研究跨国公司选择不同进入模式的决定性因素(Dunning, 1981[22]; Thier, 1986[23]; Hill, 1990[24]; Lankes, 1996[25]; Henisz, 2000[26]; Hanson, 2001[27]; Lu, J.W., 2002[28]), 也有学者利用多个国家数据实证研究跨国公司选择不同进入模式对东道国的影响(Verboven, 1998[29]; Siripaisalpipat, 2000[30]; Smarzynska, 2000[31]; Meyer, 2001[32]; Meyer, K.E., Estrin, S., 2001[33]; Ayça, 2006[34]; Bernard, 2006[35])。Dubin(1976)发现，如果东道国是一个发展中国家，那么有过并购经验且规模大的美国跨国公司更倾向于选择绿地投资的进入模式[36]。Caves 和 Mehra (1986)认为，跨国公司的进入模式决定于其公司的组织结构及其产品市场的特征，并购的经验将鼓励跨国公司选择并购的进入模式而不是绿地投资[37]。Zejan(1990)认为，产品的多样化鼓励并购的进入模式，而行业的增长不鼓励并购的进入模式，同时，由于不稳定性与不确定性的增加，并购的进入模式越来越普遍[38]。Hennart 和 Park (1993)发现，在美国，如果目标市场有规模经济和高水平的专业分工，那么，日本投资企业会选择并购的进入模式[39]。Andersson 和 Svensson (1996)分析了专业技能与组织能力对跨国公司进入模式的影响，组织能力强的跨国公司更喜欢并购的进入模式，专业技能强的跨国公司更喜欢绿地投资的进入模式[40]。ÓhUallacháin 和 Reid(1997)研究进入美国市场的日本制造业企业发现，集聚效应对那些企业进入模式的选择有重要影响[41]。R.Mudambi 和 S.M.Mudambi(2002)使用英国机械业和机械相关行业的外商直接投资数据实证分析表明，跨国公司产品多样化的决策与其进入模式的选择存在相关性，生产多样化产品的跨国公司更喜欢并购的进入模式，而生产单一产品的跨国公司更喜欢绿地投资的进入模式[42]。Haiyang Chen 和 Michael Y.Hu(2002)利用1979—1992年中国的外商直接投资数据进行实证分析表明，交易成本对跨国公司不同进入模式的选择有显著影响[43]。Basile Roberto（2004）利用1998—1999年意大利的外商直接投资数据实证分析表明，由于进入模式的不同，跨国公司在意大利的选址很不一样。跨国公司以绿地投资的模式进入意大利市场的选址，受前外资企业的选址及地区劳动力成本高低的影响，而跨国公司以并购的模式进入意大利市场的选址，则受该地区被并购目标企业数量、需求水平、公共基础设施、外资企业存量以及单位劳动成本等因素的影响[44]。B.Elango（2005）在控制了产业规模（size of the industry）、文化差异（cultural distance）、产业的科研强度（research intensity of the industry）、结合程度（degree of unionization）、投资价值（the value of investment）等变量后，使用682个进入美国市场的制造业企业数据实证研究发现，人力资本丰富的企业更愿意选择并购的进入模式，而物质资本丰富的企业更愿意选择绿地投资的进入模式[45]。Ayça Tekin-Koru（2006）通过实证表明，技术的复杂性使跨国公司更倾向于选择绿地投资的进入模式，而跨国公司选择并购的进入模式并不是为了躲避关税[46]。Bernard Michael Gilroy和Elmar Lukas（2006）认为虽然不可逆转性（irreversibility）、不确定性（uncertainty）和易变性（flexibility）使跨国公司更倾向于选择并购的进入模式，但跨国公司进入东道国市场，考虑更多的是东道国将来的投资机会和优势条件。因此，不确定性、将来的投资机会才是跨国公司进入模式选择的决定性因素[47]。

在国内，众多学者利用中国数据对跨国公司的进入模式选择进行实证。张一弛（2003）从国际投资理论和组织战略理论出发，运用美国商务部的官方统计资料，对1974—1994年间我国两岸三地对美直接投资行为进行描述性统计分析发现，在跨国投资的第一次浪潮中，两岸三地的对美直接投资行为尽管在时间进程、投资者类型和不同类型投资者进入模式的使用等方面存在着明显的差异，但是兼并与收购是两岸三地对美直接投资最主要的进入模式[48]。王根蓓、赵晶、王馨仪（2010）采用ML-Binary Logit模型，通过对476家在华跨国公司的1400个样本数据进行分析，估计了影响在华跨国进入模式的因素发现，由资本规模和国际化经营经验所体现的跨国公司生产力异质性、由经济转型和制度构建所成就的中国市场化程度、双边贸易、地缘关系以及投资国的国际竞争力与独资模式选择正相关；双边政治以及投资国的风险规避偏好同合资模式选择正相关。在实证分析的基础上，他们提出，要建立以企业生产力异质性为基础的微观化和差别化的跨国公司的规制机制；以中国市场化发展程度为基础，确立在华跨国公司以"技术转移"为前提的中国"国民待遇"和"市场准入"的获取制度和政策；以给开拓国际市场特别是欧美发达国家市场的中国跨国企业提供对等和互惠的"市场准入"和"国民待遇"为目标，将传统的政治主导型外交转变为经济主导型外交，政府主导型外交转化为民间外交[49]。许陈生和夏洪胜（2004）探讨了中国外商直接投资进入模式独资倾向的影响因素，并通过实证分析表明，中国的市场规模、开放水平和外商直接投资的工业比重等变量都对独资倾向有显著的正影响，而市场化程度以及外商直接投资的服务业比重则对独资倾向有显著的负影响，中国经济的增长率对外商直接投资进入模式的独资倾向影响不显著[50]。薛求知、韩冰洁（2008）以19个新兴市场国家的745家跨国公司子公司作为样本进行实证研究发现，作为东道国投资环境中的重要组成部分，腐败不但会对FDI流入总量产生影响，还会对跨国公司的战略产生影响，而首先受到影响的就是跨国公司的进入模式战略。具体来说，东道国国家层面感知腐败、产业层面感知腐败会使跨国公司采用持股比例较低的合资（控股或非控股）进入模式；东道国腐败程度对跨国公司进入模式战略的影响会受到跨国公司进入东道国战略动机的调节[51]。陈艳莹、夏一平（2010）将跨国公司在东道国面临的腐败分为官僚腐败和政治腐败两种类型，从东道国政府和跨国公司之间的利益博弈入手，考察不同类型的东道国腐败对跨国公司进入模式选择的影响，并用2007年39个国家和地区的截面数据进行实证检验。结果表明，两类腐败都会使得跨国公司倾向于选择非股权进入模式，随着腐败程度的增强，其边际效应逐渐减小，并且官僚腐败对跨国公司进入模式影响的程度高于政治腐败[52]。霍杰、蒋周文、杨洪青（2011）基于65670家外商直接投资企业数据分析心理距离对跨国公司进入中国市场模式选择的影响研究发现，语言差异和工业发展水平差异与跨国公司采取独资模式进入的机会比率呈显著负相关关系，宗教差异与跨国公司采取独资模式进入的机会比率呈显著正相关关系，而教育水平差异和民主差异对跨国公司进入模式选择的影响并不显著[53]。孙铭、王凤生（2012）研究发现，直接进入模式对跨国公司和本国政府而言都具有绝对优势。随着技术研发成本的降低，跨国公司选择兼并进入的可能性增加，但当就业压力系数为零时，两种模式并无差异。随着技术研发成本、技术外溢和就业压力不断增加，两种模式对本国政府选择优势的差异性虽然越来越小，但是，直接进入模式对本国政府始终都具有绝对优势[54]。

从目前国内外已有的研究跨国公司进入模式选择的文献来看，主要存在两种情况：一是对跨国公司单方面行为的研究较多，如大量研究集中于分析跨国公司在东道国不同市场结构下的最优进入模式选择，对跨国公司进入东道国市场时的国内企业的反应问题的研究较少；二是针对跨国公司进入模式选择的实证研究较多，但对跨国公司进入模式选择的理论研究较少。

二、跨国公司并购品牌策略研究

国内外很多学者对跨国公司并购的品牌策略进行了深入研究，从不同案例、大样本数据的实证以及理论分析中得到一些有启发性的思路和观点。

部分学者通过案例研究来挖掘跨国公司并购的品牌策略。何浏、王海忠、田阳（2011）通过研究本土品牌"吉利"并购国际名车沃尔沃的案例，从消费者视角探讨了品牌并购对原品牌公司综合形象和公司能力联想的影响，研究发现，品牌并购信息能够提升消费者对原品牌的公司能力联想但不一定能提高其公司综合形象；并购高形象（身份）的品牌比并购低形象（身份）的品牌更有利于提升原品牌的公司综合形象；多元化并购战略对母品牌公司能力联想的影响要小于强化并购[55]。黄韫慧、施俊琦（2009）以"可口可乐并购汇源"为例进行实验，考察外国品牌并购中国品牌对被并购品牌的评价的影响。结果发现，强调"可口可乐收购汇源"这样一件并购事件（相比较于不强调该并购事件），会导致消费者改变对汇源的正性品牌态度和降低购买意向。另外，消费者的独立自我倾向调节了上述关系，并购事件的消极影响只在高独立自我的个体中出现[56]。张珏（2008）以"苏泊尔"为例对外资并购后民族品牌应如何保持进行研究。认为外资并购对中国企业来讲，其中不乏成功的例子，但是大多数的民族品牌却在并购后消失了，丧失了品牌优势。在不损害民族品牌的基础上进行并购，虽然是经济发展的表现，但是，并购之后国内企业最主要的还是应该保持自己的渠道、网络，努力扩张自己的品牌份额，在对方的品牌平台上为民族品牌做出更大的努力和贡献[57]。蔡高强、杨璐畅（2009）研究可口可乐并购汇源的案例认为，我国《反垄断法》对"汇源并购"案具有管辖权,按照规定可口可乐具有申报义务,商务部在反垄断审查时必须要考虑"经营者集中"的几个相关因素。鉴于民族品牌潜在的经济价值,发达国家对民族品牌都给予特殊法律保障。中国民族品牌在跨国并购浪潮中机遇与挑战并存,因此我国要建立有效的预警机制,加强对跨国并购的兼并手段和策略的研究与宣传,善于借助世界贸易的多边贸易体系作为解决问题的途径,要依靠自己的法律体系保护在全球竞争中的地位和捍卫自己应得的权益[58]。刘文纲(2010)研究发现,在跨国并购中,并购双方品牌资源的整合是跨国并购整合管理的重要内容之一。并购方可以选择的品牌资源整合策略主要有:品牌收购、品牌租赁、贴牌、使用自有品牌、树立本土化的新品牌等。在对各种整合策略进行比较分析的基础上,以中国企业跨国并购案例为样本,选择MNL离散选择模型,对企业跨国并购的品牌资源整合策略选择问题进行实证分析[59]。

另外一部分学者基于现象的观察及理论分析,对跨国公司并购品牌的策略进行评析。杨曙光、关怀海(2007)认为,随着中国经济的发展,外资并购在中国越来越频繁。外资并购对中国的并购策略表现出极其强烈的倾向性,具体表现为"弱化"策略,削弱中方企业的竞争力。中方企业必须认识这种策略,在此基础上应寻找破解之道,最大限度地在并购中保护自身的利益[60]。郭锐、陶岚、汪涛、周南(2012)基于认知一致性和顾客品牌资产(CBBE)理论,从弱势品牌视角出发,围绕如何有效减轻"蛇吞象"后消费者的认知失调,运用焦点小组、个人访谈、实验和LME模型,研究发现,品牌要素战略(名称变化)、营销支持战略(价格维持或降低)以及次级联想杠杆战略(原产地保留或去除)都对并购后品牌绩效产生显著影响。此外,消费者认知失调的改善机制,即品牌契合度在减轻消费者失调的并购后品牌战略交互效应对品牌绩效的影响中起着重要的中介作用[61]。王海忠、陈增祥、司马博（2011）以中国企业并购海外知名品牌为背景，探讨并购后品牌重置策略（联合品牌VS单品牌）、新产品定价（高VS低）以及产品产地形象（正面VS负面）对新产品评价的影响。研究发现，如果新产品采用联合品牌命名策略（并购品牌—被并购品牌），在没有明确的产品产地信息条件下，新产品的价格越低，评价越高；如果明确告知产品产地来自形象佳的地区（如美国），则新产品定价越高，评价就越好。另一方面，如果新产品采用单品牌命名策略（原有中国品牌），则不管是否有产地信息以及产地形象如何，消费者对新产品的评价都处于较低水平（低于中等评价）[62]。杨攀、马艳霞、何佳讯（2008）认为，外资品牌在并购本土品牌时对本土品牌的关键卖点的兴趣不同可以导致本土品牌面临的命运不一样。在并购本土品牌的过程中，外资品牌主要采取"雪藏""取势""借道""溢价"和"完善"五种手法，存在着"透明""模糊""隐蔽"的"三层结构"。对此，本土品牌在被并购时我们应有清醒认识并且要重视保护品牌并购溢价[63]。卢耀祖（2007）研究发现，成功的品牌整合，需要在并购前就对双方进行系统的品牌考察，内容涵盖了确定并购的战略目标、规划品牌结构、扫描企业文化和评估品牌本身等方面。在此基础上，企业可以选择以下五种品牌整合策略：采用并购方品牌、被并购方品牌、联合品牌、双品牌和新创品牌[64]。温冬开（2001）认为我国企业在与外商合作过程中，往往只看到自己引进资金、先进的管理和技术的需要，而忽视了外商这样做的真正目的在于消灭本土品牌，最终占领市场。中国企业只有充分认识到品牌资产的价值，才能在竞争与合作中维护、壮大品牌实力[65]。牛瑞瑞（2009）分析了外资并购中国企业后"消灭"中国品牌的方式，并提出在并购过程中要把握外资并购的真实目的,坚决制止任何试图垄断中国市场的恶意并购,建立科学的外资质量评价体系,不能轻易让外资控股。应该加强品牌意识,建立健全知识产权价值评估体系,保持品牌独立使用权[66]。欧阳有旺、郭炳南(2005)认为,品牌是一个企业在竞争中取胜的重要法宝之一,也是企业生存与发展的无形资产。近年来,随着越来越多外资的进入和对企业大规模并购的出现,在中国出现了一种新的并购方式——消灭式品牌并购,需要企业和政府积极应对[67]。操君(2009)研究发现,随着全球范围内产业重组步伐的加快,企业间的跨国并购也成为一种潮流。在这股外资并购浪潮中,我国本土品牌流失现象比较严重。德、美、日、韩等国家在全球并购中积累了丰富的保护本土品牌的经验,为当前外资并购背景下我国本土品牌的生存发展提供了借鉴与启示:一方面,政府应为我国本土品牌创造良好的制度环境;另一方面,本土企业也应积极提升自身实力,促进我国更好地融入全球经济[68]。张诚、谷留锋(2011)研究认为,跨国公司通过合资控股与并购活动取得一些国内品牌的控制权,但对于本土品牌的处理方式却呈现多样性与各个时期的差异性。跨国公司控制当地品牌后的处置方式选择主要取决于本土品牌和国外品牌定位的差异性、跨国公司对本土品牌的控制程度。本土品牌的处置方式在各个时期的倾向性变化是由我国市场环境变化与跨国公司相应的战略变化相互作用引起的[69]。

综上所述,已有文献对于跨国公司并购后的品牌策略进行了较多研究,然而,还有一些问题尚有疑问。例如,跨国公司并购后为什么会弃用东道国品牌?跨国公司在什么条件下会弃用东道国品牌?跨国公司又在什么条件下会继续保持经营东道国品牌?这些都是很有研究价值的问题,需要进一步研究。

第三节 研究内容及框架

本书首先探讨跨国公司并购我国企业的发展历史及现状,进而对跨国公司进入模式选择的一般理论进行比较和评析。在此基础上,构建基于国内企业反应的跨国公司进入模式选择模型,从理论上分析引入国内企业反应将如何影响跨国公司进入模式选择以及东道国福利水平的问题,并用实际案例对此做了经验实证。接着以改进的Hotelling模型探究跨国公司并购后的品牌策略,分析跨国公司在以利润最大化为目标的情况下对自身品牌和并购品牌的使用,并采用跨国公司在华并购的实际案例进行了经验实证。最后提出促进外资在华并购健康发展的相关政策建议。

第一,跨国公司在华并购的发展历史及现状。对零售、日化、啤酒、医药、电子通信设备、化工、汽车、金融、电信、能源、装备制造等产业的外资并购情况进行详细分析,研究各产业的产业安全所受到的冲击。

第二,从理论上分析引入国内企业反应将如何影响跨国公司进入模式选择以及东道国福利水平的问题。分析当跨国公司有高水平技术,且国内企业联盟成本很小时,国内其他企业联盟阻止跨国公司并购进入的国内福利。综合考虑国内企业和消费者的总福利变化情况,分析限制国内其他企业对并购的阻止是否有利于提升我国福利水平,加强国家产业安全。

第三,案例分析国内企业阻止外资并购的影响。通过凯雷并购徐工、SEB并购苏泊尔、可口可乐并购汇源等的案例分析，研究国内企业阻止外资并购的动机及目的，及其通过国内政府、媒体对外资并购所造成的影响，并探讨最终的国内福利的情况。

第四，以改进的Hotelling模型探究跨国公司并购后的品牌策略。分析跨国公司并购国外企业后，在什么情况下才会选择弃用当地民族品牌，以及现有民族品牌被弃用是否与跨国公司的品牌运作方式有关，探究跨国公司并购后的多品牌经营的成本问题。

第五，案例分析跨国公司并购后的品牌策略。通过对南孚电池、中华牙膏、熊猫洗衣粉等民族品牌被外资并购的案例分析，研究跨国公司为什么会在花大价钱收购中国品牌后而弃用，以及为什么有些中国品牌在跨国公司旗下得到很好的运营和发展。

第六，促进外资在华并购健康发展的政策建议。从推动跨国并购健康发展、完善外资并购法律法规、提升企业的核心竞争力、加强我国企业自主品牌建设、发展中小企业自主创新能力等方面提出政策建议。

第二章
跨国公司在华并购的发展历史分析

20世纪90年代以来，为了摆脱国有企业的发展困境，同时也为了适应中国经济的国际化进程，我国政府开始逐步放宽外资并购我国企业的政策限制，跨国公司在华的并购活动日益增多，装备制造、零售、日化、啤酒、医药、电子通信设备制造、化工、金融和汽车等产业都发生了大规模的外资并购案例，跨国公司巨头大量进入中国，部分民族品牌被跨国公司弃用，我国产业安全受到一定冲击。

第一节 跨国公司在华并购的政策背景

从改革开放之初到20世纪80年代末，我国先后对国有企业实行扩权让利、承包经营责任制、股份制等方面的改革。这些改革措施，对国有企业经济效益的改善和推进中国经济发展起到了一定的积极作用，使国有企业的活力有所增强，为进一步的深化改革积累了经验，但同时，由于国有企业的改革措施仅限于在国家和企业之间做一些局部利益和权利的调整，未能触及传统的国有企业制度本身，一些长期困扰企业发展的问题依然存在，国有企业在改革和发展中陷入了困境。

外资并购对深化国有企业的产权制度改革，改善国有企业的公司治理结构，从整体上优化国有资产配置和提高企业效率具有积极的意义。进入90年代，为了摆脱国有企业的发展困境，建立国有企业的现代企业制度，实现企业的可持续发展，同时也为了适应中国经济的国际化进程，进一步在投资政策、市场准入、国民待遇等问题上扩大开放程度，我国政府开始逐步放宽外资并购我国企业的政策限制。

一、1990—1993 年的鼓励期

在改革开放、引进外资政策的引导下，受刚刚建立的证券市场相关政策的利好影响，我国证券市场上成功引入一批具有外资背景的公司。1992 年 4 月，国内出现了第一起外资并购国有企业的案例——香港中策公司收购山西太原橡胶厂。自此时起，外资开始收购我国的国有中小型企业或亏损企业。

二、1994—1995 年的限制期

为了调整国内的过热经济，管理层对证券市场上的一度被滥用而影响了市场秩序的股权协议转让方式着手进行规范和限制。1995 年 6 月 20 日，国家计划委员会、国家经贸委和对外经贸部联合发布《外商投资产业指导目录》，把外商投资项目分为鼓励、限制、禁止和允许四类。1995 年 9 月出台了《关于暂停将上市公司国家股和法人股转让给予外商请示的通知》，规定在国家有关上市公司国家股和法人股管理办法颁布之前，任何单位一律不准向外商转让上市公司的国家股和法人股，外资被明令禁入中国 A 股流通市场。

三、1996—2000 年的过渡期

1999 年 8 月，国务院办公厅转发外经贸部等部门的《关于当前进一步鼓励外商投资意见的通知》，规定符合条件的外商投资企业可申请发行 A 股或 B 股，并明确了外商可以参与购买国有企业，但并购的审批手续相当复杂。

四、2001—2005 年的明朗期

2001 年 3 月，党中央在"十五"计划的建议中明确提出，要"适

应跨国公司投资发展趋势，积极探索采用收购、兼并、投资基金和证券投资等多种方式利用中长期国外投资"。2001年5月，外经贸部发布《关于外商投资股份公司有关问题的通知》，提出，外商投资股份有限公司申请上市发行A股或B股，需获得外经贸部同意，而且要按规定和程序设立或改制，还需符合外商投资产业政策。2001年11月，外经贸部和证监会联合发布《关于上市公司涉及外商投资有关问题的若干意见》，对外商投资股份有限公司发行A股或B股和允许外商投资企业受让上市公司非流通股做了原则性规定。2002年3月11日，经国务院批准，国家计委、国家经贸委、外经贸部公布了新的《外商投资产业指导目录》，对外商投资产业鼓励类由186条增加到262条，限制类由112条减少到75条，依据国民经济的统计分类方法分类的所有产业中，需要中方控股的产业仅有21项，不到整个产业共371个条目的5.7%，外资在中国可以独资的产业已经占到产业体系的87.6%。2002年7月，在证监会向社会公开征求意见的《上市公司收购管理办法》中放宽了对上市公司收购的主体限制。2002年11月4日，证监会、财政部和国家经贸委联合发布《关于向外商转让上市公司国有股和法人股有关问题的通知》，允许向外商转让上市公司的国有股和法人股，明确规定相应原则、条件和程序，暂停多年的外资并购上市公司得以重新全面启动。2002年11月7日，证监会和中国人民银行联合发布了《合格境外机构投资者境内证券投资管理暂行办法》，允许合格境外投资者通过托管银行投资于境内A股市场。2003年3月7日，外经贸部、国税总局、国家工商总局、国家外汇管理局联合发布《外国投资者并购境内企业的暂行规定》，对外资并购的原则、程序、审批做出了相关规定，为外商收购境内企业股权或认购增资或增发股份，设立外商投资企业后购买并运营境内企业资产，购买境内企业资产后以该资产作为投资，设立外商投资企业等形式投资提供可操作的法律规范。在这个时期，我国对外资在华并购限制逐步放松，关于规范和鼓励外资并购的政策基本完备。

五、2006年至现在的调整完善期

随着外资并购规模的不断扩大，特别是国内龙头企业被并购的规模增大，我国政府开始担忧外资并购会威胁到产业安全乃至国家经济安全。2006年6月，国家发改委和商务部着手制定外资并购限制实施细则，列出受限制的行业目录，再分行业拟定具有针对性的限制政策。其中，国家发改委工业司公布的《国务院关于加快振兴装备制造业的若干意见》提出，大型重点骨干装备制造企业控股权向外资转让时，应征求国务院有关部门的意见。2006年8月，商务部第7次部务会议修订通过《关于外国投资者并购境内企业暂行规定》，加强了对重点行业、中国驰名商标和中华老字号外资并购的审查。2007年12月，国家发改委和商务部颁布《外商投资产业指导目录》，进一步规范外资并购。2011年8月26日，商务部颁布了外资并购领域新规《商务部实施外国投资者并购境内企业安全审查制度的规定》，明确要求，外国投资者并购境内企业，属并购安全审查范围的，外国投资者应向商务部提出并购安全审查申请。并购安全审查范围具体包括：外国投资者并购境内军工及军工配套企业，重点、敏感军事设施周边企业以及关系国防安全的其他单位；外国投资者并购境内关系国家安全的重要农产品、重要能源和资源、重要基础设施、重要运输服务、关键技术、重大装备制造等企业。

第二节 跨国公司在华并购的发展历程

20世纪90年代以来，随着我国并购政策限制的逐步放松，投资环境不断改善，跨国公司在华的并购活动开始逐渐增多，并购规模不断扩大。根据增长的趋势差异，外商在华并购的发展大致可以分为三个阶段，如图2-1和图2-2所示。

第一阶段为1990—1994年的高速增长阶段。并购额从1990年的0.08亿美元上升到1994年的7.15亿美元，年均增长率高达429.6%。在这一阶段，我国政府初步对跨国公司开放国内的并购市场，跨国公司在华的并购活动从无到有，发展异常迅速。

第二阶段为1995—2002年的不平稳增长阶段。并购额从1994年的7.15亿美元上升到2002年的20.7亿美元，年均增长率为57.05%，其中，在1995年、1997—1998年、2000年和2002年，并购额分别下降了43.7%、58.1%、6.2%和10.8%，而与此同时，在1996年、1999年和2001年，并购额又分别增加了373.1%、200.2%和3.5%。

第三阶段为2003—2006年的平稳增长阶段。在这一阶段，国家更加鼓励和引导外商采用国际通行的跨国并购方式参与国有企业改造、重组，并在2002年末及2003年初相继出台了一系列扩大开放政策。外商在华的并购额从2002年的20.7亿美元上升到2006年的55.7亿美元，年均增长率为28.1%，且年份间的增长率相差较小，2003年的增长率最高，为36.1%，2005年的增长率最低，也达到

21.7%。

第四阶段为2007—2013年的波动增长阶段（如图2-3）。这一阶段的外资并购受全球金融危机的消极影响，也受到商务部正式实施外资并购领域新规《商务部实施外国投资者并购境内企业安全审查制度的规定》的影响。受2008年全球金融危机的影响，外资并购额由2007年的61.7亿美元下降到2010年的22.2亿美元。随着全球经济复苏，在2011年外资并购额有较大增长，回升到68.6亿美元，涨幅高达2倍左右。但受2011年底正式实施的外资并购新规的影响，2012年外资并购额再次回落到36.6亿美元。到了2013年，经济的全面复苏又带动外资并购额创出新高，达到129.7亿美元。

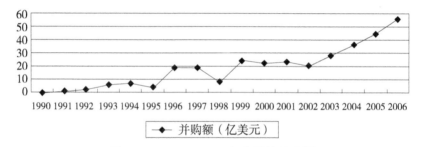

图2-1　1990—2004年中国的并购额

（资料来源：统计数据均来自联合国贸发会议的数据库）

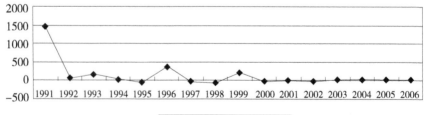

图2-2　1991—2004年中国并购额的增长率

（资料来源：统计数据均来自联合国贸发会议的数据库）

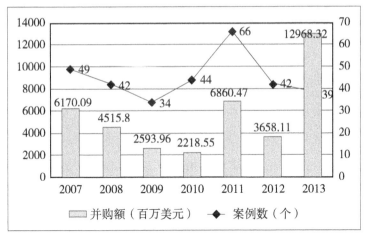

图 2-3　2007—2013 年中国企业外资并购趋势

（资料来源：中商情报网 http://www.askci.com/news/201401/08/0895418139597.shtml）

第三节　跨国公司在华并购的产业分析

近年来，跨国公司并购我国企业的领域不断扩大，从一般工商领域迅速延伸到金融、能源、电信乃至军工和重大装备制造等领域；从一次收购迅速向二次甚至三次收购过渡，由合作走向独资或控股；并购主体大多变为国际跨国巨头公司；廉价收购并设法覆盖我国骨干企业的优质资产、自主品牌、核心技术和制造能力，使我国产业安全受到一定冲击。下面分别具体考察外资并购我国零售、日化、啤酒、医药、电子通信设备制造、化工、汽车、金融、电信、能源和装备制造等产业的状况。①

---

① 本节所有的并购数据及材料均来源于清科研究中心的数据库。

一、零售产业

1992年7月，国务院做出《关于商业零售领域利用外资问题的批复》，规定在北京、上海、天津、广州、大连、青岛六个城市和深圳、珠海、汕头、厦门、海南五个经济特区试办一至两家中外合资或合作经营的零售企业，暂不兴办外商独资的零售商业企业。同时还规定，项目由地方政府报国务院审批。1995年6月，国务院发布《指导外商投资方向暂行规定》和《外商投资产业指导目录》，将商业零售列入"限制外商投资产业目录"的乙类项目，允许有限度地吸引外商投资，但不允许外商独资。1999年6月，国务院批准发布了《外商投资商业企业试点办法》，把零售业中外合资合作范围扩大到了所有省会城市、自治区和计划单列市。1999年11月，中美达成《中国加入世贸组织的协议》，在协议中，中国承诺将在销售服务领域进一步开放，中国"入世"以后3年时间内，给予外商投资企业更多的贸易和分销权。2004年6月1日，《外商投资商业领域管理办法》正式实施。从这天起，中国全面放开了国内零售业市场，外资零售企业获准在中国境内所有省级城市合法开设店铺，一部分中小型外资零售企业可由地方商业主管部门直接审批，国内零售业也不再享受政府的保护。这样，由于限制少、壁垒低，零售业正在成为兼并收购的热点产业之一。如表2-1所示，2006年以来，外资并购我国零售企业的案例不断增多，家乐福、百思买、家得宝、沃尔玛等世界零售商巨头纷纷通过并购国内零售企业的方式抢占中国市场。其中，有部分并购也遭受到中国商务部的反垄断审查，如韩国第二大零售商——乐天购物旗下乐天（香港）收购国内超市运营商——时代零售集团有限公司，在取得中国商务部反垄断局的批准后才放行。

表 2-1 零售产业的外资并购典型案例

时间	中方	外方	并购方式
2006.1	乐客多上海七宝店	法国家乐福	100%收购
2006.5	江苏五星电器	美国百思买集团	收购51%控股权
2006.12	乐购连锁超市	TESCO集团	增持40%股份,达到持股90%
2006.12	家世界家居建材超市	家得宝	100%收购12家家居建材超市
2006	百盛输出管理的百货店	百盛集团	回购10家输出管理的百货店
2007.2	BCL公司的好又多超市	沃尔玛	收购35%股权
2007.3	家世界连锁超市有限公司	华润股份有限公司	100%收购
2008.4	深圳5间综合购物百货店	日本永旺株式会社	100%收购
2008.7	家广超市	家乐福	100%收购
2009.2	五星电器	百思买	此前控股75%的股权,此次再收购35%股权
2009.3	小肥羊	百胜餐饮集团	收购20%股权
2009.10	时代零售	乐天购物	100%收购
2010.5	广西三品王	菲律宾快餐连锁店快乐蜂	收购55%股权
2011.5	1号店	沃尔玛	收购20%股权
2012.2	1号店	沃尔玛	持股比例将从20%提高至约51%
2014.12	青岛购物中心	百盛集团	100%收购

二、日化产业

我国日化产业对外资的开放较早,是发生外资并购案例最多的产业之一。目前,中国日化产业的市场容量为几百亿元,其中一大半份额被国外品牌所占领。从表2-2中外资并购日化产业的典型案例可以发现,外资并购我国日化企业的品牌,一方面促使我国部分日化品牌得到了更好的发展,例如,欧莱雅收购的护肤品品牌"小护士"和"羽西",联合利华收购的牙膏品牌"中华";另一方面却导致我国部分日化品牌被跨国公司弃用,甚至在市场上逐渐消失。例如,宝洁收购的洗衣粉品牌"熊猫",联合利华收购的牙膏品牌"美加净",宝洁收购的洗衣粉品牌"高富力",美洁时公司收购的洗涤用品品牌"活力28"。

表 2-2　日化产业的外资并购典型案例

时间	中方	外方	并购方式及后续发展
1994	北京日化二厂	宝洁公司	购买"熊猫"品牌的50年使用权。随后几年,"熊猫"洗衣粉的产销量变小。2000年9月,北京日化二厂将"熊猫"品牌提前购回
1994	上海牙膏厂	联合利华	合资建厂,外方占60%控股权,中方占40%,上海牙膏厂的"中华"和"美加净"品牌被联合利华租赁使用。2000年,上海牙膏厂收回"美加净"品牌的使用权
1994.2	广州浪奇	宝洁和黄有限公司	合资组建广州浪奇宝洁有限公司,外方占60%控股权,中方占40%。2001年底,浪奇将合资企业广州浪宝22%股权以4007万元的价格转让,并以3300万元的价格收回其对"高富力"等洗衣粉商标剩余43年的使用权
1996	活力28集团	美洁时公司	合资组建湖北活力美洁时洗涤用品有限公司,外方占60%控股权,中方占40%,合资公司无偿占有活力28共50年的品牌使用权。1999年,中方以人民币7200万元的价格将合资公司的30%股权转让给德方。2003年2月,活力集团与德国美洁时公司就"活力28"的商标使用权达成最后协议,正式收回"活力28"的商标使用权
2003.12	小护士	欧莱雅集团	收购"小护士"品牌
2004.1	科蒂集团	欧莱雅集团	收购"羽西"品牌
2008.7	北京大宝	美国强生公司	北京三露厂持有的83.42%国有股和大宝职工持股会持有的16.58%股份整体转让给强生,转让价格为23亿元
2010.12	丁家宜	法国COTY(科蒂)集团	收购60%股权
2012.12	上海嗳呵母婴用品	美国强生公司	100%收购
2013.7	广东丸美	LVMH集团旗下私募基金	收购49%股权
2013.8	美即控股	欧莱雅集团	100%收购

三、啤酒产业

20世纪90年代初,在中国啤酒市场巨大利润的吸引下,国外啤酒企业纷纷以收购本土企业或单独设厂的方式进入中国,但由于中国地方保护、地区封锁现象严重,国际啤酒巨头没有获得预料中的收益,到90年代末又纷纷退出中国啤酒市场。2001年中国加入WTO后，我国市场开放程度进一步扩大，国际啤酒巨头再次通过并购的方式大规模介入中国啤酒业的重组整合进程，目前啤酒产业中，外资比例已经上升到18%以上。从表2-3中外资并购啤酒产业的典型案例可以发现，以并购的方式进入我国啤酒市场的都是国际啤酒龙头企业，例如，AB集团和英博啤酒集团都是世界最大的啤酒生产商，荷兰喜力啤酒集团是世界第四大啤酒商，苏格兰纽卡斯尔公司是世界第五大啤酒商，华润雪花啤酒有限公司的股东是华润创业有限公司和全球第二大啤酒集团SABMiller。同时被并购企业也都是我国啤酒行业的领头企业，例如青岛啤酒是我国第一大啤酒商，哈尔滨啤酒是我国第四大啤酒商，珠江啤酒是我国第五大啤酒商，雪津啤酒是我国第八大啤酒商。

表2-3 啤酒产业的外资并购典型案例

时间	中方	外方	并购方式及后续发展
2002.11	珠江啤酒	英博啤酒集团	收购24%股权
2002.12	唐山啤酒厂	AB集团	收购63.02%股份。2006年5月，AB集团收购剩余的36.98%中方股份，实现独资
2003.11	粤海啤酒集团	荷兰喜力啤酒集团	收购金威啤酒21%股权
2003.12	重啤集团	苏格兰纽卡斯尔公司	收购19.51%股权
2004.6	浙江石梁啤酒公司	英博啤酒集团	收购70%股份
2004.6	哈尔滨啤酒集团有限公司	AB集团	收购29.6%股权，2004年8月，AB公司收购哈啤全部股份
2005.4	青岛啤酒	AB集团	增持其在青岛啤酒的股权至27%
2006.1	福建雪津啤酒有限公司	英博啤酒集团	收购100%股权
2006.7	浙江银燕啤酒有限公司	华润雪花啤酒有限公司	收购100%股权
2006.7	安徽淮北相王啤酒有限责任公司	华润雪花啤酒有限公司	以8100万元收购全部资产
2009.5	青岛啤酒	日本朝日啤酒	收购19.99%股份
2013.11	重庆啤酒	嘉士伯	嘉士伯基金会通过嘉士伯重庆和嘉士伯，此前合计持有重庆啤酒29.71%股权；要约收购后，嘉士伯基金会最多控制重庆啤酒60%股份

四、医药产业

2004年以来,由于受成本费用上涨、政策宏观调控等因素影响,我国医药产业的整体利润下滑,医药企业为了自身发展的需要,不断加快与外资企业合作的步伐,医药产业的外资并购案例开始增多。同时,由于我国经济的持续高速增长以及医改新政的实施,中国的医药行业进入快速增长的轨道,已成为全球第二大医药市场。面对如此大的一块蛋糕,各个跨国医药企业纷纷进行抢夺,而并购与合资无疑是占领市场的最快捷的方式。外企以并购或合资的方式进入中国市场,一方面通过技术扩散逐渐扩大市场占有率,另一方面,可以快速拥有本土企业之前已完善的市场渠道,达到事半功倍的效果。如表2-4所示,为了快速有效地占领中国医药市场,跨国医药公司战略并购中国医药行业龙头企业和医药上市公司,如哈药、华北制药、东阿阿胶、天方药业、东盛制药等。

表2-4 医药产业的外资并购典型案例

时间	中方	外方	并购方式
2004.9	山东省聊城市国资局	华润股份有限公司	合资组建华润东阿阿胶有限公司,华润股份占51%股权,聊城市国资局占49%
2004.12	哈药集团	中信资本、美国华平资本	中信资本、美国华平投资分别获得哈药有限公司22.5%和22.5%股份
2005.1	上海医药集团	帝斯曼	收购罗氏上海维生素有限公司(帝斯曼与上海医药集团的合资企业)中上海医药集团所持有的36%股份,实现独资
2005.4	河南省天方药业集团公司	住友商事株式会社和住友商事(中国)有限公司	天方药业集团公司将其持有天方药业16%和4%的股权分别转让给住友商事株式会社和住友商事(中国)有限公司,天方药业整体变更为外商投资股份有限公司
2005.5	广州药业集团厂	和记黄埔	合资组建广州白云山和记黄埔中药有限公司,各占50%股份
2005.9	浙江上虞云涛化工有限公司	帝斯曼	收购51%股份
2005.10	先达合成树脂有限公司	帝斯曼	收购所有资产

续表

时间	中方	外方	并购方式
2005.11	华北制药集团	帝斯曼	收购25%股份，华药集团由国有独资公司改制为国有控股外商投资公司，同时帝斯曼收购上市公司华北制药7.58%股份，成为其上市公司的参股股东。华药股份公司将与帝斯曼在维生素、抗感染药物和制剂三个板块组建合资公司，帝斯曼在这三个板块的持股比例分别为49%、49%和30%
2006.10	东盛科技启东盖天力制药股份有限公司	德国拜耳	收购东盛科技的"白加黑"感冒片、"小白"糖浆、"信力"止咳糖浆等抗感冒、止咳类西药非处方药业务及相关资产
2007.1	广州医药有限公司	联合博姿（Alliance Boots）和美华医药	外方组建联合美华投资公司，共同出资约5.45亿元，收购广州医药50%股权，并与广州医药成立合资公司，联合美华与广药在合资公司中各占50%股份
2010.10	美华太阳石集团	赛诺菲-安万特	100%收购
2010.11	广东天普生化医药公司	奈科明制药公司	收购51.34%股权
2010.12	南京美瑞制药有限公司	葛兰素史克（GSK）	100%收购
2012.11	康辉控股（中国）公司	美敦力公司	100%收购
2014.2	滇虹药业集团	德国拜耳	100%收购

五、电子通信设备制造产业

由于全球的产业分工，电子通信设备制造业逐渐向发展中国家转移，中国内地正成为这个产业的"世界工厂"，而发达国家的跨国公司在本国生产成本很高的情况下，纷纷通过并购的方式将制造工厂转移到中国。2000年以来，如表2-5所示，电子通信设备制造产业逐渐成为外资并购的热点，日本松下、阿尔卡特、韩国LG、韩国三星、爱立信等外国电子产品生产商纷纷在中国展开并购。然而，由于这些并购大多是以合资建厂的形式出现，并且中方都掌握着合资企业一定的控股权，所以目前电子通信设备制造产业受到的冲击不是很大。同时，在学习过程中，中国的电子通信制造企业也逐渐发展壮大，实力增强。

表 2-5 电子通信设备制造产业的外资并购典型案例

时间	中方	外方	并购方式及后续发展
2000.10	上海广电电子股份有限公司	日本松下	合资组建上海松下等离子显示器有限公司，上海广电占 34.9% 股权，松下株式会社占 51% 股权
2001.4	新涛科技（上海）有限公司	美国 IDT 公司	收购全部股权
2001.10	上海贝尔	阿尔卡特	从中方机构手中收购上海贝尔 10% 加 1 股的股份，然后买断比利时政府拥有的 8.35% 股份，阿尔卡特以 51% 股份控股上海贝尔
2002.2	浪潮信息	韩国 LGCNS 有限公司	组建合资公司，中方占 51% 控股权
2002.2	浪潮信息	爱立信	组建爱立信浪潮合资公司，总投资规模 1500 万美金
2002.3	上海广电电子股份有限公司	韩国三星	合资组建上海三星真空电子显示器有限公司，广电电子持有该公司 45% 股份
2002.4	上海广电集团	NEC 日本电气株式会社	合资组建上海广电 NEC 液晶显示器有限公司，中方占 75% 股份，日方占 25% 股份
2002.8	熊猫集团	麦克赛尔	收购爱立信在爱立信熊猫终端有限公司（EPC）中的 65% 股权
2002.9	烽火通信	阿尔卡特	组建合资公司，各占股 50%
2003.2	赛格三星股份有限公司	三星康宁有限公司	收购赛格集团原持有的赛格三星 14.09 的国有法人股股权，再加上三星康宁通过其全资子公司三星康宁投资有限公司原持有的赛格三星 21.37% 股份，三星康宁共持有赛格三星总股权的 35.46%，成为其并列第一大控股股东
2004.9	TCL 通信技术控股公司	阿尔卡特	组建 TCL-阿尔卡特移动电话合资公司，中方占股 55%，外方占股 45%
2005.9	南京熊猫电子股份有限公司	日本夏普株式会社	日本夏普增资其与南京熊猫的合资公司南京夏普 6000 万美元，获得南京夏普 91.28% 股权。2005 年 10 月，夏普以 1000 万美元收购南京熊猫剩下的 8.72% 股权，取得南京夏普 100% 控制权
2015.3	中昱科技	爱立信	收购中昱科技的电信业务
2015.8	中国华信	诺基亚	组建为新合资公司，诺基亚持有 50%+1 股的股份，而中国华信持有剩余股份

六、化工产业

2006 年以来，中国已成为全球化工巨头收购的重点地区。外资对中国化工企业的并购主要发生在 2006 年和 2007 年，如表 2-6 所示。

在2006短短一年的时间里，国内大量化工类龙头企业被外资并购，包括中国第一大涂料生产商华润涂料、国内排名第二的黄原胶生产企业山东金粟生物制品有限公司、世界第二的黄原胶生产供应商山东中轩股份有限公司、国内氯碱行业之首上海氯碱化学公司、国内润滑油品牌建设的领导者北京统一石油化工有限公司等。之后，外资并购国内化工企业的趋势变缓。

表2-6 化工产业的外资并购典型案例

时间	中方	外方	并购方式
2006.1	中国库珀-成山汽车轮胎公司	库珀轮胎和橡胶公司	收购51%股权
2006.1	山东金粟生物制品有限公司	斯比凯可公司	收购100%股权
2006.2	青岛利东化学公司	阿曼石油公司	收购30%股份，外方持股增加到60%，成为青岛利东化学公司的最大股东
2006.2	中化香港控股公司	加拿大PCS公司	收购10.01%股份，使PCS在该公司的股份增加到20%
2006.2	北京汇强外加剂责任有限公司	德固赛建材系统（北京）有限公司	收购全部资产
2006.3	武汉爱塞克斯化学有限公司	陶氏汽车工业部	收购49%股权，外方持股增加到100%，武汉爱塞克斯化学有限公司成为其全资子公司
2006.4	上海爱迪尔国际装潢材料有限公司	美国PPG工业公司	收购上海爱迪尔国际装潢材料有限公司及其关联公司的部分资产
2006.5	上海氯碱化学公司	美国赫格里斯公司	收购上海赫格勒斯化学合资企业中的40%股份，全资控制该合资企业
2006.6	阿克苏-诺贝尔常诚股份有限公司	阿克苏-诺贝尔公司	收购阿克苏-诺贝尔常诚股份有限公司剩余的16.66%股份，获得阿克苏-诺贝尔常诚股份有限公司的全部权益
2006.7	华润涂料	美国威士伯公司	收购80%股权
2006.9	山东中轩股份有限公司	华平创业投资有限公司	收购98%股权
2006.9	北京统一石油化工有限公司和统一石油化工（咸阳）有限公司	壳牌中国集团	收购75%股份
2007.1	海化炭黑公司	哥伦比亚化学公司	以3600万元人民币出售全部资本权益
2007.4	桂林利凯特	德国巴斯夫	收购100%股权
2007.9	蓝星集团	百仕通集团	收购蓝星集团20%股份

七、汽车产业

汽车产业是一个资金、技术和人才密集型的产业,改革开放后,为了迅速提高汽车的生产能力和技术水平,我国汽车产业开始走上与国外汽车企业合作、引进消化外国先进技术的发展道路。同时,国家出台规定,国内整车制造合资企业中"外资持股比例不得超过50%"。2011年,国家发改委出台了《外商投资产业指导目录》征求意见稿,一改此前对于汽车零部件的放开政策,鼓励外资在华成立新能源汽车合资公司,但外资股比不超过50%。如表2-7所示,从1983年美国汽车公司与北汽集团组建第一家汽车合资公司起,通用、福特、本田、大众、日产、丰田、戴姆勒·克莱斯勒等跨国汽车巨头纷纷通过合资的并购方式进入我国汽车市场,使我国汽车产业受到巨大的冲击。但是,这种冲击并没有形成国外汽车企业对中国汽车市场的垄断,因为所有的国际汽车巨头都在中国加大了投资,相互间的市场竞争非常激烈。也没有使中国的民族汽车工业垮掉,因为通过与国际汽车巨头的合作,中国汽车工业积累了很强的生产制造能力,建立了完善的零部件供应体系,奇瑞、华晨、吉利等民族汽车企业也已经具备一定的研发能力,中国成了世界第三大汽车生产国。

表 2-7 汽车产业的外资并购典型案例

时间	中方	外方	并购方式及后续发展
1983	北汽集团	美国汽车公司	合资组建北京吉普汽车有限公司,随后,美国汽车公司被克莱斯勒公司兼并。1998年,克莱斯勒和戴姆勒-奔驰合并重组,戴-克成为北京吉普的股东。2005年8月,在北京吉普汽车有限公司的基础上重组的北京奔驰-戴姆勒·克莱斯勒汽车有限公司成立,中方和外方各占50%股份
1985.3	上汽集团	德国大众	合资组建上海大众汽车有限公司,中德双方各投资50%

续表

时间	中方	外方	并购方式及后续发展
1991.2	一汽集团	德国大众	合资组建一汽大众汽车有限公司,一汽集团公司占60%股份,德国大众康采恩集团占40%股份
1992.5	东风汽车公司	法国雪铁龙公司	合资组建神龙汽车有限公司,中方和外方各占50%股份。2002年10月,由中国东风汽车公司与法国雪铁龙公司的合资合作提升为与法国PSA标致雪铁龙集团的合资合作
1994.11	上汽集团	福特汽车公司	合资组建上海延锋汽车饰件有限公司,中方和外方各占50%股份
1996.5	东风汽车公司	日本日产柴油汽车工业株式会社	合资组建东风日产柴汽车有限公司,中方和外方各占50%股份
1995.7	中联汽车电子有限公司	德国罗伯特·博世公司	合资组建联合汽车电子有限公司,中方和外方各占50%股份
1997.6	上汽集团	通用汽车公司	合资组建上海通用汽车有限公司,中方和外方各占50%股份
1998.7	东风汽车公司	本田技研工业株式会社	合资组建东风本田发动机有限公司,双方出资比例各占50%
1998.7	广州汽车集团	本田技研株式会社	合资组建广州本田汽车有限公司,双方出资比例各占50%,合资年限为30年
2000	上汽集团	瑞典沃尔沃客车公司	合资组建上海申沃客车有限公司,中外双方各占50%股份
2000.3	广州汽车集团	日本五十铃自动车株式会社	合资组建广州五十铃客车有限公司,中方占股51%,外方占股49%
2002	东风汽车公司、江苏悦达投资股份有限公司	韩国起亚自动车株式会社	合资组建东风悦达起亚汽车有限公司,中方占股50%,外方占股50%
2003.6	东风汽车公司	日本日产汽车公司	合资组建东风汽车有限公司,双方各持50%股份
2003.7	东风汽车公司	日本本田技研工业株式会社	合资组建东风本田汽车有限公司,中日双方各占50%股权
2003.9	广州汽车集团、东风汽车集团	本田技研工业株式会社、本田技研工业(中国)投资有限公司	合资组建本田汽车(中国)有限公司,中方占股35%,外方占股65%,是一个专门生产出口产品的公司
2004.9	广州汽车集团	丰田汽车公司	合资组建广州丰田汽车有限公司,双方各占50%股权
2004.12	一汽集团	丰田汽车公司	合资组建一汽丰田(长春)发动机有限公司,合资年限为30年,双方出资比例各50%

续表

时间	中方	外方	并购方式及后续发展
2005.3	一汽集团、一汽轿车股份有限公司	日本马自达汽车株式会社	合资组建一汽马自达汽车销售有限公司,三方初期出资比例为一汽轿车70%,马自达25%,一汽集团5%
2006.12	北汽福田汽车股份有限公司	戴姆勒·克莱斯勒汽车集团	北汽福田向戴克定向增发股票,戴克以24%的股份成为北汽福田的第二大股东
2007.5	奇瑞汽车公司	美国量子公司	签署合资组建奇瑞量子汽车有限公司的协议,外方占45%股权,中方占55%股权
2008.12	安徽江淮汽车集团	美国轮轴制造公司	新组建的公司 Hefei AAM,双方各持有合资企业50%股权
2014.5	华晨汽车	俄罗斯卡玛斯	成立合资公司
2015.3	北京汽车股份有限公司	梅赛德斯奔驰技术集团	组建合资公司,北汽占51%股份,奔驰占49%

八、金融产业

2001年我国加入WTO之后,随着我国商业银行改革的不断深入,金融产业的逐渐开放,越来越多国际金融机构通过并购进入我国金融市场,并购目标也由最初的地方股份制中小银行发展到中国工商银行、中国农业银行、中国银行、中国建设银行四大国有银行。然而,根据银监会制定的《境外金融机构投资入股中资金融机构管理办法》,单个境外金融机构向中资金融机构投资入股比例不得超过20%,外国投资者在中国一家银行中的总持股比例不得超过25%,而一旦外资在中国一家未上市银行中的持股总比例超过25%,那么这家银行就被算作是外资银行,在经营人民币存贷款业务方面就会受到限制。因此,如表2-8所示,目前除了美国新桥投资集团以收购17.89%的股权成为深圳发展银行的第一大股东,其他进入我国金融市场的国际金融机构,大多数以国外战略投资者的身份被引入,不占有绝对控股地位。

表 2-8 金融产业的外资并购典型案例

时间	中方	外方	并购方式
2001.11	南京市商业银行	国际金融公司	以 2700 万美元收购南京市商业银行 15% 股份
2001.12	上海银行	汇丰银行	以 6260 万美元的价格购入上海银行 8% 股权
2002.12	上海浦东发展银行股份有限公司	花旗银行	作为国外战略投资者入股浦东发展银行，参股比例为 5%
2003.12	兴业银行	香港恒生银行、国际金融公司、新加坡政府直接投资有限公司	恒生银行、国际金融公司、新加坡政府直接投资有限公司分别认购 6.3909、1.5996、1.9995 亿股，分别占增发后兴业银行总股本的 15.98%、4% 和 5%
2004.6	深圳发展银行	美国新桥投资集团	受让 17.89% 股份，新桥成为深发展的第一大股东
2004.8	交通银行	汇丰银行	参股 19.9%
2005.1	民生银行	新加坡亚洲金融控股私人有限公司	以 1 亿美元购入 4.55% 股权
2005.3	北京银行	荷兰国际、国际金融公司	荷兰国际作为境外战略投资者认购 19.9% 股份，国际金融公司作为境外财务投资者认购 5% 股份，北京银行的外资股份所占比重达到 24.9%
2005.4	杭州市商业银行	澳洲联邦银行集团	购入 19.92% 股份
2005.6	中国建设银行	美国银行	以 30 亿美元的价格收购建设银行 9% 股份
2005.7	中国建设银行	新加坡政府投资公司淡马锡控股	以 14 亿美元购入建行 5.1% 股份
2005.8	中国银行	皇家苏格兰银行	以 31 亿美元买入 10% 股份
2005.9	华夏银行	磐石基金公司	通过拍卖方式成功竞得华夏银行 20.86% 股权，成为第四大股东
2005.10	华夏银行	德意志银行及其全资子公司德意志银行卢森堡公司、德国萨尔奥彭海姆银行	外方组成的国际财团共收购华夏银行的 13.98% 股权。其中，德意志银行及其全资子公司德意志银行卢森堡公司斥资 18.43 亿元成为华夏银行第二大股东，而德国萨尔奥彭海姆银行斥资 7.58 亿元成为第五大股东
2006.1	中国工商银行	高盛投资集团	以 37.8 亿美元入股中国工商银行 10% 股份
2006.2	中国银行	新加坡政府投资公司淡马锡控股	以 15.2 亿美元购入 5% 股份
2006.7	杭州联合农村合作银行	荷兰合作银行、国际金融公司	荷兰合作银行和国际金融公司分别购入 10% 和 5% 股份

续表

时间	中方	外方	并购方式
2006.8	杭州市商业银行	亚洲开发银行	收购约5%股权
2006.11	广东发展银行	花旗集团、IBM信贷	认购股权比例为：花旗集团20%、IBM信贷4.74%
2007.7	青岛市商业银行	意大利联合圣保罗银行	收购19.9%股权
2008.2	烟台银行	恒生银行	收购20%股权
2008.5	中国建设银行	美国银行	增持建行股份到19.9%
2010.6	吉林银行	韩亚银行	收购18%股份
2015.12	邮储银行	瑞银集团、摩根大通、星展银行、加拿大养老基金投资公司、淡马锡、国际金融公司6家国际知名金融机构	单一股东转变为股权多元化

九、电信产业

自2000年以来，外资开始逐步进入我国电信市场。电信增值业务成为外资抢占我国电信市场的第一步，世界最大电信运营商美国AT&T公司、世界第七综合电信运营商澳大利亚Telstra公司、世界最大CDMA运营商韩国SK电讯等相继通过合资形式进入我国电信增值服务市场。同时，为了介入我国基础电信领域，外资电信运营商也开始逐步以战略投资者的身份参股我国基础电信运营商，2000年10月，全球最大的移动通信运营商英国沃达丰出资20亿美金购买了中国移动2.5%股份。但是，到目前为止，外资总体上尚未大规模进入我国电信市场，如表2-9所示，主要的电信业外资并购案例也只是集中于2000—2004年的中国刚加入WTO的这一段时间，外资主要进入的领域只是电信增值业务，电信产业依然是大型国有企业占主导地位。

表 2-9 电信产业的外资并购典型案例

时间	中方	外方	并购方式
2000.10	中国移动	英国沃达丰	出资 20 亿美金购买中国移动 2.5% 股份
2000.12	上海电信、上海市信息投资股份有限公司	美国 AT＆T 公司	成立合资公司——上海信天通信有限公司，上海电信占 60% 股权，AT＆T 公司 25%，上海信息投资有限公司占 15%
2002.7	上海广电（集团）有限公司	澳大利亚 Telstra 公司	合资建立电信增值服务公司，Telstra 占 30% 股份
2003.2	中国联通	高通公司	成立合资公司——联通博路无线技术有限公司，投资双方各占 50% 股份
2003.3	掌中万维	香港网	整体收购
2003.8	北京鸿联九五	21 世纪通	向第二大股东北京中信收购电讯增值业务，以 3600 万元收购北京鸿联九五 45% 股权
2003.9	中国电信集团	香港电讯盈科有限公司	成立合资企业——中盈优创资讯科技有限公司，各自持有 50% 权益
2004.2	中国联通	韩国 SK 电讯	成立合资公司——联通时科北京信息技术有限公司，中国联通占注册资本的 51%，SK 电讯占 49%

十、能源产业

近年来，外资并购逐渐扩大到了我国能源领域，英国 BP、法国道达尔、美国埃克森美孚、沙特阿美等跨国巨头公司相继进入中国市场。然而，外资并购我国能源企业一般都要接受政府的安全审查。根据国务院办公厅下发的《建立外国投资者并购境内企业安全审查制度的通知》，规定了并购安全审查的范围为：外国投资者并购境内关系国家安全的重要农产品、重要能源和资源、重要基础设施、重要运输服务、关键技术、重大装备制造等企业，且实际控制权可能被外国投资者取得。如表 2-10 所示，跨国能源巨头进来后一般与国内企业展开合资合作，规模偏小，并没有威胁我国能源产业的控制权。

表 2-10 能源产业的外资并购典型案例

时间	中方	外方	并购方式
2004.11	宁波科丰燃机热电有限公司	香港明州发展有限公司	收购 25% 国有股份
2004.3	广东顺德燃气	英国 BP 公司	整体收购
2004.12	深水集团	法国威立雅水务	获得 45% 股权，期限为 50 年
2005.3	中国中化集团	法国道达尔公司	合资组建燃油公司，中化集团占 51% 股份，道达尔占 49% 股份
2007.4	中国石化	埃克森美孚、沙特阿美	扩建福建省一家炼油厂，中国石化持有该项目 50% 股权，另外两家合作伙伴各持 25% 股权
2007.4	中国石化	埃克森美孚、沙特阿美	合资成立一家成品油营销公司，中石化占 55% 股权，埃克森美孚和沙特阿美各占 22.5% 股权
2008.12	陕西延长石油集团、陕西天力投资公司	荷兰皇家壳牌	合资成立企业，主营加油站及相关业务，三大股东分别持有 46：9：45 股份
2011.6	中国石油	荷兰皇家壳牌	成立一家双方各持股 50% 的建井企业
2015.12	中国海油	荷兰皇家壳牌	扩建双方位于广东省惠州市已有股比为 50：50 的合资企业

十一、装备制造产业

我国装备制造产业的开放程度较高，是发生外资并购案例最多的产业之一。从表 2-11 代表性案例中可以发现，外资并购装备制造产业的典型特征为：首先，跨国公司的投资方式大多是从合资、合作走向独资或控股。例如，大连电机厂与威斯特电机的合资公司最后成为威斯特电机的独资企业，博世在其与无锡威孚集团的合资公司中的控股份额由原来的 52% 上升到 67%，佳木斯联合收割机厂与约翰迪尔的合资公司最后成为约翰迪尔的独资企业，大连第二电机厂与伯顿电机集团的合资公司最后成为伯顿电机集团的独资企业，西北轴承与德国 FAG 集团公司的合资公司最后成为德方的独资企业。其次，被并购企业大多是我国装备制造产业的龙头企业。例如，大连电机厂是中国电机行业的骨干企业，西北轴承公司的铁路轴承产品占全国铁路轴承市场的 25%，沈阳凿岩机械公司是中国凿岩机械和气动工具行业历史最久和规模最大的大型骨干企业，山东山工机械有限公司是国家大型一档企业和国家经贸委定点生产轮式装载机的重点骨干企业，徐工集团工程机械有限公司是中国最大的工程机械制造和出口企业。再次，个别骨干企业被并购时遭到同行业的反对。例如，在工程机械业，凯雷投资集团并购徐工集团工程机械有限公司，遭到了同行业企业三一重工的反对。值得注意的是，自 2008 年以后，随着中国装备制造业的企业发展壮大，发达国家人工成本逐年攀升，外资并购国内企业开始急剧减少，国内企业的海外跨国并购活动则不断增加。比如，2008 年，中联重科并购意大利 CIFA；2010 年，柳工亦斥资 3.35 亿元人民币收购波兰 HSW 工程机械业务单元项目；2012 年，三一重工收购德国混凝土机械巨头普茨迈斯；2012 年，徐工集团收购德国混凝土泵制造商施维英；2014 年，中联重科又收购荷兰 Rartar35% 股权。

表 2-11 装备制造产业的外资并购典型案例

时间	中方	外方	并购方式及后续发展
1994.4	大连电机厂	新加坡威斯特电机公司	合资组建威斯特（大连）电机有限公司，外方占 50% 股份。2004 年 4 月，威斯特公司进一步并购大连电机厂持有的中方全部股份，合资企业转化为外资独资企业
1995.8	无锡威孚集团	德国博世公司	合资成立无锡欧亚柴油喷射有限公司，外方占 52% 股份。2004 年 8 月，威孚集团与博世公司在原有合资企业的基础上，进行资产重组，成立新的合资企业博世汽车柴油喷射系统有限公司，博世公司占 67% 的绝对控股地位，威孚集团持有 33% 股份
1997.5	佳木斯联合收割机厂	美国约翰迪尔公司	佳木斯联合收割机厂的优质资产折合 40% 的股份并入合资企业，约翰·迪尔取得 60% 控股权。2004 年，中方转让持有的 40% 股份，外方实现独资
1998.12	大连第二电机厂	英国伯顿电机集团	合资组建大连伯顿电机有限公司，大连第二电机厂的优质资产注入合资企业占 33% 股份，外方取得 77% 的控股权。2001 年，外方收购中方持有的 33% 股份，实现独资

续表

时间	中方	外方	并购方式及后续发展
2001.10	西北轴承	德国FAG集团公司	合资组建宁夏西北富安捷铁路轴承有限公司，德方以现金和技术投入占51%股份，中方以原铁路轴承公司的设备、土地、厂房以及公司热处理分厂的精良设备和厂房投入占49%股份。2003年西轴将持有合资公司的49%股权出售给德方，合资公司变成了德方独资企业
2003.9	沈阳凿岩机械公司	瑞典的阿特拉斯公司	外方并购中方部分资产，成立外商独资企业阿特拉斯·科普柯（沈阳）矿山建筑公司，中方其他优良资产与外方合资组建沈阳瑞风机械有限公司，外方占25%股份
2005.3	山东山工机械有限公司	美国卡特彼勒公司	收购中方40%股权
2005.4	辽宁锦西化工机械集团公司透平机械厂	德国西门子公司	组建中外合资企业，中外双方分别占股30%和70%
2007.3	徐州工程机械集团有限公司	凯雷投资集团	凯雷出资购买徐工集团全资子公司徐工集团工程机械有限公司45%股权，但遭到同行业企业三一重工的反对和商务部的审查，最终未获政府批准

通过以上各产业的典型案例分析，可以发现，国际市场上的很多龙头企业都已经进入中国，它们的投资方式大多是从合资、合作走向独资或控股，被并购企业也大多是我国各产业的龙头企业，部分民族品牌被跨国公司弃用，甚至在市场上逐渐消失，我国的产业安全受到一定冲击。

第三章
跨国公司进入模式选择的一般理论分析

第一节 跨国公司的进入模式选择
——基于 Görg（2000）模型的分析

Görg（2000）以古诺模型为基础，建立了一个跨国公司在并购和绿地投资间进行选择的模型。该模型考察了跨国公司进入一个封闭东道国市场的不同战略及不同进入模式下的东道国福利状况。

一、跨国公司进入前的国内市场均衡

假设原来在东道国市场上只有两个不对称的企业 1 和企业 2，生产同种不贸易产品，成本函数分别为 $c(q_1)=c_1q_1$ 和 $c(q_2)=c_2q_2$，且企业 1 有更先进的技术水平，$c_1<c_2$，产品的市场需求函数为 $P=a-(q_1+q_2)$。这两个企业进行古诺竞争，古诺竞争求解得：

$$P=\frac{a+c_1+c_2}{3};\quad \pi_1=\frac{(a-2c_1+c_2)^2}{9}=q_1^2;\quad \pi_2=\frac{(a-2c_2+c_1)^2}{9}=q_2^2$$

这时，东道国的总福利为：

$$W=PS+CS=\pi_1+\pi_2+\frac{(a-p)(q_1+q_2)}{2}$$

二、跨国公司进入国内市场的模式选择

由于该市场存在超额利润，现假设跨国公司 3 想要进入该市场，它面临三种选择：

情况 A：并购现存的低技术企业 2

情况 B：并购现存的高技术企业 1

情况 C：建立一个全新的企业

假设跨国公司 3 使用的技术水平比东道国现存企业的都要先进，即 c2 > c1 > c3，且企业 1 和企业 2 之间的成本差别要大于公司 1 和公司 3 之间的成本差别。同时，假设跨国公司进入东道国市场还将面临三种类型的附加成本，即获取东道国市场信息的信息成本 m、生产技术的调整成本 d 和并购成本 u。这些成本都属于沉没成本，在企业存在的各时期分摊，并以借款的形式存在，借款利率为 r，信息成本、调整成本和并购成本在一定的时期内分别为 rm，rd，ru。因为并购现存企业，可以利用被并购企业原有的市场经验，所以模型假定并购现存企业发生的信息成本为 0，即 $m_A=m_B=0$，$m_C>0$；由于新建一个企业不需要生产技术调整成本，所以 $d_A<d_B<0$，$d_C=0$；为了简化模型并区分并购企业 1 和企业 2 的费用差别，设跨国公司并购企业 1 花费的成本为 u，并购企业 2 花费成本为 0。

跨国公司进入必然导致东道国市场结构的变化，此时的需求函数仍然为线性函数，但是产量由三个企业分摊，即需求函数为：$P=a-(q_1+q_2+q_3)$。

情况 A：并购现存的低技术企业 2，跨国公司 3 和企业 1 的利润、产品的市场价格分别为：

$$P_A=\frac{a+c_1+c_3}{3}; \quad \pi_{1A}=\frac{(a-2c_1+c_3)^2}{9}=q_{1A}^2;$$

$$\pi_{3A}=\frac{(a-2c_3+c_1)^2}{9}-rd_A=q_{3A}^2-rd_A$$

情况 B：并购现存的高技术企业 1，跨国公司 3 和企业 2 的利润、产品的市场价格分别为：

$$P_B=\frac{a+c_2+c_3}{3}; \quad \pi_{2B}=\frac{(a-2c_2+c_3)^2}{9};$$

$$\pi_{3B} = \frac{(a-2c_3+c_2)^2}{9} - rd_B - ru$$

情况 C：建立一个全新的企业，跨国公司 3、企业 1 和企业 2 的利润、产品的市场价格分别为：

$$P_C = \frac{a+c_1+c_2+c_3}{4}; \quad \pi_{1C} = \frac{(a-3c_1+c_3+c_2)^2}{16};$$

$$\pi_{2C} = \frac{(a-3c_2+c_1+c_3)^2}{16}; \quad \pi_{3C} = \frac{(a-3c_3+c_1+c_2)^2}{16} - rm_c$$

对于以上三种情况，跨国公司必将选择能给其带来最大利润的进入模式。因此，比较这三种情况下跨国公司的利润大小，可得到以下结论：

当并购成本相对于信息成本和调整成本较低时，跨国公司选择以并购高技术企业的模式进入东道国市场。

当信息成本相对于调整成本和并购成本较低时，跨国公司选择以绿地投资的模式进入东道国市场。

当并购成本相对于信息成本和调整成本较高时，跨国公司选择以并购低技术企业的模式进入东道国市场。

三、跨国公司不同进入模式下的东道国福利水平

假定跨国公司把利润全部返回其母国，这三种不同的进入模式将会导致东道国不同的福利水平。

情况 A：在跨国公司以并购低技术企业 2 的模式进入东道国市场的情况下，东道国的总福利为：

$$W_A = PS_A + CS_A = \pi_{1A} + \frac{(a-P_A)(q_{1A}+q_{3A})}{2}$$

情况 B：在跨国公司以并购高技术企业 1 的模式进入东道国市场的情况下，东道国的总福利为：

$$W_B = PS_B + CS_B = \pi_{2B} + \frac{(a-P_B)(q_{2B}+q_{3B})}{2}$$

情况 C：在跨国公司以绿地投资的模式进入东道国市场的情况下，东道国的总福利为：

$$W_C = PS_C + CS_C = \pi_{1C} + \pi_{2C} + \frac{(a-P_C)(q_{1C}+q_{2C}+q_{3C})}{2}$$

比较跨国公司进入前的东道国总福利与这三种进入模式下的东道国总福利，可以得到以下结论：

当跨国公司与高技术企业 1 的边际成本 c_3、c_1 相对较高时，跨国公司以并购低技术企业 2 或者高技术企业 1 的模式进入东道国市场，都能提升东道国的福利水平。

当低技术企业 2 的边际成本 c_2 相对较高时，跨国公司以绿地投资的模式进入东道国市场，能提升东道国的福利水平。

跨国公司以并购低技术企业 2 的模式进入东道国市场比跨国公司以并购高技术企业 1 的模式进入东道国市场更能提升东道国的福利水平。

跨国公司以绿地投资的模式进入东道国市场比跨国公司以并购模式进入东道国市场更能提升东道国的福利水平。

第二节　跨国公司的进入模式选择
——基于 Mattoo 和 Saggi（2004）模型的分析

Mattoo 和 Saggi（2004）模型也是以古诺模型为基础，建立了一个跨国公司在并购和绿地投资间进行选择的模型。该模型考察的是一个多寡头垄断的东道国市场，在这个市场里，跨国公司的不同进入模式会影响其自身的技术转移程度,并导致东道国的不同福利状况。

一、跨国公司进入国内市场的模式选择

假定东道国市场中存在两种产品 z、y,国内的效用函数为准线性:U(z,y)=u(z)+y,产品 y 在完全竞争的条件下被生产,在这里作为一个记价产品。P(q)为商品 z 的逆需求函数,假设 u(z)为二次函数,则 P(q)=a-q,且在东道国市场上有 n-1 家国内企业生产 z 产品,产品的边际成本都为固值 c。跨国公司考虑以绿地投资或者并购的模式进入东道国市场,其选择可以分为以下几个阶段:

第一阶段:跨国公司选择市场进入模式,即绿地投资(E)或者并购(A)。当以并购国内企业的模式进入时,跨国公司需要对被并购的国内企业支付价格 V。如果国内企业拒绝了跨国公司的这个价格,那么跨国公司可通过建立自己的子公司或者并购另一家企业的模式进入东道国市场。

第二阶段:在选择了市场进入模式后,跨国公司就要选择其转移到子公司的技术水平,技术的转移既可以降低企业的生产成本,跨国公司通过技术转移可以把子公司的生产成本降低到 c-x 的水平,同时也会引发转移成本 C(x),C(x)=$tx^2/2$。

最后阶段:跨国公司与国内企业在产品市场上进行古诺竞争。下面采取逆向方法推导模型的均衡过程。

在最后阶段,跨国公司与国内企业在产品市场上进行古诺竞争,当跨国公司以并购的模式进入东道国市场时,各企业的产量分别为:

$$q_f^A = \frac{a+(n-1)x-c}{n} ; \quad q_h^A = \frac{a-x-c}{n}, \quad (h=1\cdots\cdots n-2)$$

跨国公司以绿地投资的模式进入东道国市场时,各企业的产量分

别为：

$$q_f^E = \frac{a+nx-c}{n+1}; \quad q_h^E = \frac{a+x-c}{n+1}, \quad (h=1\cdots\cdots n-1)$$

在第二阶段，给定市场进入模式后，跨国公司选择其转移到子公司的技术水平。当跨国公司以并购的模式进入东道国市场时，其转移的技术水平为：

$$x^A = \frac{2(n-1)(a-c)}{(4n-2)+(t-2)n^2}$$

当跨国公司以绿地投资的模式进入东道国市场时，其转移的技术水平为：

$$x^E = \frac{2n(a-c)}{(2n+1)t+(t-2)n^2}$$

在两种进入模式下，跨国公司的技术转移水平都随着 n 和 t 的增加而减少，并且当 t＜n 时，跨国公司在并购进入模式下转移的技术比在绿地投资模式下转移的技术少。

在第一阶段，跨国公司选择市场进入模式，当跨国公司以绿地投资的模式进入东道国市场时，跨国公司与国内企业的利润分别为：

$$\pi_f^E = \frac{(a-c)^2 t}{2n(t-n)+t(n^2+1)};$$

$$\pi_h^E = \left[\frac{(a-c)(nt-2n+t)}{2n(t-n)+t(n^2+1)}\right]^2, \quad (h=1\cdots\cdots n-1)$$

当跨国公司以并购模式进入东道国市场时，跨国公司与国内企业的利润分别为：

$$\pi_f^A = \frac{(a-c)^2}{2n(2-n)+tn^2}; \quad \pi_h^A = \left[\frac{(a-c)(nt-2n+2)}{2n(2-n)+tn^2}\right]^2, (h=1\cdots\cdots n-1)$$

这时，国内企业同意被并购的条件是其被并购的所得 V 不低于 π_h^A，即 $V=\pi_h^A$。跨国公司将选择并购的进入模式，如果并购进入模式能比绿地投资进入模式带来更大利润：

$$\triangle \pi = \pi_f^A - C(x^A) - \pi_h^A - [\pi_f^E - C(x^E)] > 0$$

如图 3-1 所示,通过数字模拟不同的 t 值和 n 值可以得到 4 个区间。在 Ⅰ、Ⅱ 区间内,跨国公司将选择并购的进入模式,但在并购进入模式下转移的技术比在绿地投资模式下转移的技术少;在 Ⅲ 区间内,跨国公司将选择并购的进入模式,并且在并购进入模式下转移的技术比在绿地投资模式下转移的技术多;在 Ⅳ 区间内,跨国公司将选择绿地投资的进入模式,但在并购进入模式下转移的技术比在绿地投资模式下转移的技术多。

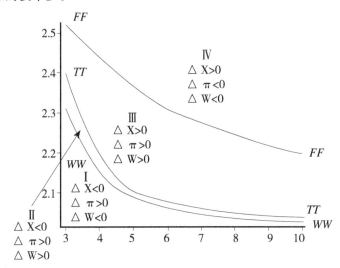

图 3-1 进入模式、技术转移和政策干预

二、跨国公司不同进入模式下的东道国福利水平

假定跨国公司把利润全部返回其母国,东道国在跨国公司的不同进入模式下将获得不同的福利水平。

$$\triangle \pi = W^A - W^E = \left(a - \frac{(P^E + P^A)}{2}\right)(P^E - P^A) + (n-1)(\pi_h^A - \pi_h^E)$$

如图 3-1 所示,在 Ⅰ 区间内,东道国在绿地投资进入模式下的福利水平更高；在Ⅱ、Ⅲ、Ⅳ区间内，东道国在并购进入模式下的福利水平更高。

这样，在Ⅰ、Ⅳ区间内，跨国公司偏好的进入模式与东道国偏好的进入模式并不一致，存在政府干预的余地。在Ⅰ区间内，政府限制跨国公司的并购进入，或者引导跨国公司以绿地投资的模式进入国内市场能提升国内福利水平；在Ⅳ区间内，政府限制跨国公司的绿地投资进入，或者引导跨国公司以并购的模式进入国内市场能提升国内福利水平。

这时，如果考虑到国内企业的反应，即国内企业可以游说政府阻止跨国公司的并购进入或者绿地投资进入，那么因为 $\pi_h^A > \pi_h^E$，国内企业总是偏好跨国公司的并购进入，所以在Ⅰ区间内，政府就很可能不会限制跨国公司的并购进入，同时，在Ⅳ区间内，又因为绿地投资还会有模型中没考虑到的新建成本，所以跨国公司会降低以绿地投资模式进入东道国市场的可能性，政府也就很少可能限制跨国公司的绿地投资进入。

第三节 Görg(2000)模型与Mattoo和Saggi(2004)模型的比较及缺陷

从上述分析可以发现，Görg(2000)模型充分考虑了跨国公司进入东道国市场所面临的新建的信息成本、生产技术的调整成本和并购成本，但是，由于Görg(2000)并没有把跨国公司的并购成本，也即对国内企业的支付加为东道国的总福利水平，所以其得到的结论之一就是跨国公司以绿地投资的模式进入东道国市场总比跨国公司以并购模式进入东道国市场更能提升东道国的福利水平。同时，Görg（2000）模型也忽略了东道国企业对跨国公司的不同进入模式的反应。

在此基础上，Mattoo 和 Saggi（2004）模型对 Görg（2000）模型做了改进，不仅把跨国公司的并购成本，也即对国内企业的支付 V，加为东道国的总福利水平，而且考虑到了国内企业的反应。然而，由于没有把绿地投资的新建成本放进其模型中去分析，Mattoo 和 Saggi（2004）得到的结论之一就是国内企业总是偏好跨国公司的并购进入，而跨国公司只有很少的可能会以绿地投资的模式进入东道国市场，并且政府也只有很少可能会限制跨国公司的并购进入或者绿地投资进入。这显然与现实中很多国内企业反对跨国并购、跨国公司经常以绿地投资模式进入东道国市场、政府干预跨国并购等现象不符。同时，Mattoo 和 Saggi（2004）模型在考虑国内企业的反应时，也忽略了国内企业游说政府所需要的联盟成本。

本书将综合 Görg（2000）模型与 Mattoo 和 Saggi（2004）模型的优点，在它们的基础上进行扩展，并且考虑加入游说政府的联盟成本后，国内企业对跨国公司不同进入模式的反应。由此得出的福利分析将为我国政府的政策干预提供思路。

第四章
跨国公司进入模式选择及国内福利分析

从目前国内外研究跨国公司进入模式选择的已有文献来看，大量研究集中于分析跨国公司在东道国不同市场结构下的最优进入模式选择，考虑的是跨国公司单方面的选择行为，而忽略东道国企业的反应问题。实际上，东道国企业的反应对跨国公司进入模式的选择是有不可忽略的影响的。例如，近年来，随着外商在我国并购规模的不断扩大，部分国内企业开始反对，甚至结成联盟反对外资并购同行业企业。为了得到政府的支持，这些国内企业游说国家政府，指出外资并购会雪藏民族品牌和垄断国内市场，最终影响产业安全乃至国家经济安全。在这种情况下，国家政府高度重视外资并购有可能造成的这些严重后果，加大了外资并购进入的审查力度，部分外资并购案被喊停。因此，本书通过将东道国企业反应加进传统的跨国公司进入模式选择模型，更真实地从理论上分析跨国公司的进入模式选择及东道国的福利变化。

第一节 双寡头的基本模型

假设东道国 Y 产品市场是寡头垄断的，市场上有 A、B 两个对称（symmetric）企业，其成本函数都为 TC=cQ，c 表示产品的边际成本，市场需求函数为 P=a-Q。跨国公司选择以绿地投资（新设企业 D）或者完全并购某个企业（如 A）的模式进入东道国市场。如果是并购的模式，那么跨国公司需要支付目标企业一个固定的交易价格 K，当目标企业接受这个价格，他们形成一个新的企业 M，当目标企业拒绝这个价格，跨国公司通过绿地投资或并购其他企业的形式进入东道国市场。同时，假设国内企业不可以阻止跨国公司的绿地投资进入，但可以阻止跨国公司的并购进入。

跨国公司新设企业 D 时，其技术较先进，但建立销售网络和推广品牌将产生成本，因此，假定 D 企业的边际成本只能达到国内企业的相同水平 c，东道国存在 A、B、D 三家企业，销售量分别是 Q_A、Q_B 和 Q_D，市场价格为 P_D，三者进行古诺竞争。

古诺竞争求解得：

$$Q_A = Q_B = Q_D = \frac{a-c}{4}; \quad P_D = \frac{a-3c}{4} \tag{1}$$

$$\pi_D = \pi_A = \pi_B = \frac{(a-c)^2}{16} \tag{2}$$

跨国公司并购 A 企业时，并购后的企业 M 技术得到改进，其边际成本降低到 θc（$0 < \theta < 1$），θ 与跨国公司的技术水平高低成反比，东道国存在 B、M 两家企业，销售量分别是 Q_M 和 Q_B'，市场价格为 P_M，两者进行古诺竞争。

古诺竞争求解得：

$$Q_M = \frac{a+(1-2\theta)c}{3}; \quad Q_B' = \frac{a-(2-\theta)c}{3}; \quad P_M = \frac{a+c+\theta c}{3} \tag{3}$$

$$\pi_M = \frac{(a+c-2\theta c)^2}{9}; \quad \pi_B' = \frac{(a-2c+\theta c)^2}{9} \tag{4}$$

一、在不可以阻止并购的条件下，跨国公司的进入模式选择

在东道国企业不可以阻止并购的条件下，跨国公司按照利润最大化原则选择进入模式。此时，A 企业同意被并购的条件是其被并购的所得 K 不低于其与 M 企业进行直接竞争的利润，$K = \pi_B'$。

跨国公司选择以并购 A 企业的模式进入东道国市场的必备条件：

$$\pi_M - K > \pi_D$$

解得 $\theta < \dfrac{4a-\sqrt{19(a-c)}}{4c}$

这表明，在不可以阻止并购的条件下，如果并购后企业的成本降低参数 θ 小于"临界点" $\dfrac{4a-\sqrt{19(a-c)}}{4c}$，那么跨国公司选择以并购模式进入东道国市场；如果并购后企业的成本降低参数 θ 大于"临界点" $\dfrac{4a-\sqrt{19(a-c)}}{4c}$，那么跨国公司选择以绿地投资模式进入东道国市场。

二、在可以阻止并购的条件下，跨国公司的进入模式选择

在可以阻止并购的条件下，国内企业将对跨国公司的不同进入模式做出反应，而跨国公司的选择随之发生变化。

根据假定，B 企业不可以阻止跨国公司以新设企业 D 的模式进入国内市场，但它可以阻止跨国公司以并购 A 企业的模式进入。因此，B 企业将比较并购与绿地投资两种进入模式下其利润的差异。如果前者小于后者，那么 B 企业将阻止跨国公司的并购进入，而跨国公司只能通过新设企业 D 的模式进入国内市场。

B 企业选择阻止跨国公司的并购进入的必备条件：

$\pi_B > \pi_B'$

解得 $\theta < \dfrac{5c-a}{4c}$

也即当 $\theta < \dfrac{5c-a}{4c}$ 时，跨国公司只能以绿地投资模式进入东道国市场；当 $\theta > \dfrac{5c-a}{4c}$ 时，国内企业不阻止跨国公司的并购进入，跨国公司选择的进入模式将与不可以阻止并购条件下的相同。

且有 $\dfrac{5c-a}{4c} < \dfrac{4a-\sqrt{19(a-c)}}{4c}$

这表明，在可以阻止并购的条件下，如果并购后企业的成本降低参数 θ 小于"临界点" $\frac{5c-a}{4c}$，那么由于国内另一企业的阻止，跨国公司只能以绿地投资模式进入东道国市场；如果并购后企业的成本降低参数 θ 在"临界点" $\frac{5c-a}{4c}$ 和 $\frac{4a-\sqrt{19}(a-c)}{4c}$ 之间，那么跨国公司选择以并购模式进入东道国市场；如果并购后企业的成本降低参数 θ 大于"临界点" $\frac{4a-\sqrt{19}(a-c)}{4c}$，那么跨国公司选择以绿地投资模式进入东道国市场。

三、国内福利分析

当跨国公司把利润全部返回母国时，跨国公司的不同进入模式及国内企业的不同反应将会导致不同的国内福利水平。

用 △CS 表示并购进入模式下的消费者剩余与绿地投资进入模式下的差额，其值为：

$$\triangle CS = \int_{PM}^{PD} = \left(aP_D - \frac{P_D^2}{2}\right) - \left(aP_M - \frac{P_M^2}{2}\right) \tag{5}$$

由于 $\frac{d\triangle CS}{dq} < 0$，△CS 是关于 θ 的减函数，且当 △CS=0 时，θ = $\frac{5c-a}{4c}$。所以，如图 4-1，当 θ < $\frac{5c-a}{4c}$ 时，△CS>0，消费者在并购的情况下境况更好；当 θ > $\frac{5c-a}{4c}$ 时，△CS<0，消费者在绿地投资的情况下境况更好。

用 △PS 表示并购进入模式下的国内企业利润与绿地投资进入模式下的差额，其值为：

$$\triangle PS = \pi_B' + K - \pi_A - \pi_B = 2\pi_B' - 2\pi_B \tag{6}$$

由于 $\frac{d\triangle CS}{dq} > 0$，△PS 是关于 θ 的增函数，且当 △PS=0 时，

$\theta = \frac{5c-a}{4c}$。所以,如图 4-1,当 $\theta < \frac{5c-a}{4c}$ 时,△PS<0,国内企业在绿地投资的情况下境况更好;当 $\theta > \frac{5c-a}{4c}$ 时,△PS>0,国内企业在并购的情况下境况更好。

因此,国内企业与消费者的利益存在冲突,东道国的总福利水平变化为:

$$\triangle W= \triangle CS+ \triangle PS=\left(aP_D-\frac{P_D^2}{2}\right)-\left(aP_M-\frac{P_M^2}{2}\right)+2\pi_B'-2\pi_B$$

当 △W=0 时,可求得:$\theta_1=\frac{31c-11a}{20c}$;$\theta_2=\frac{5c-a}{4c}$

因为 $\frac{31c-11a}{20c} < \frac{5c-a}{4c} < \frac{4a-\sqrt{19}(a-c)}{4c}$

图 4-1 表明,当 $0<\theta<\frac{31c-11a}{20c}$,即 θ 在 Ⅰ 区间时,△W>0;

当 $\frac{31c-11a}{20c}<\theta<\frac{5c-a}{4c}$,即 θ 在 Ⅱ 区间时,△W<0;

当 $\frac{5c-a}{4c}<\theta<\frac{4a-\sqrt{19}(a-c)}{4c}$,即 θ 在 Ⅲ 区间时,△W>0;

当 $\frac{4a-\sqrt{19}(a-c)}{4c}<\theta<1$,即 θ 在 Ⅳ 区间时,△W>0。

且当 $c>\frac{11}{31}a$ 时,以上所有的"临界点"都在(0,1)区间。

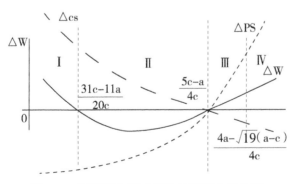

图 4-1 两种进入模式导致的福利水平差异

以上分析表明：当东道国内原来是两个企业的寡头垄断市场时，如表4-1，如果并购后企业的成本降低参数 θ 处于第Ⅰ区间，那么在不可以阻止并购的条件下，福利在并购的情况下更好，而在可以阻止并购的条件下，国内另一企业阻止跨国公司的并购进入，东道国福利减少；如果并购后企业的成本降低参数 θ 处于第Ⅱ区间，那么在不可以阻止并购的条件下，福利在绿地投资的情况下更好，而在可以阻止并购的条件下，国内另一企业阻止跨国公司的并购进入，东道国福利增加；如果并购后企业的成本降低参数 θ 处于第Ⅲ区间，那么在不可以阻止并购的条件下，福利在并购的情况下更好，而在可以阻止并购的条件下，国内另一企业不阻止跨国公司的并购进入，东道国福利增加；如果并购后企业的成本降低参数 θ 处于第Ⅳ区间，那么在不可以阻止并购的条件下，福利在绿地投资的情况下更好，而在可以阻止并购的条件下，跨国公司选择以绿地投资模式进入，东道国福利增加。

表4-1　两种条件下的跨国公司进入模式选择及国内福利水平比较

θ 的取值范围	不可以阻止并购的条件下		可以阻止并购的条件下		
	进入模式	国内福利	国内企业反应	进入模式	国内福利
Ⅰ区间	并购	增加	阻止	绿地投资	减少
Ⅱ区间	并购	减少	阻止	绿地投资	增加
Ⅲ区间	并购	增加	不阻止	并购	增加
Ⅳ区间	绿地投资	增加	不阻止	绿地投资	增加

第二节　考虑联盟成本的三寡头扩展模型

假定其他条件不变，东道国产品市场的对称企业从原有的2个增加到3个。这时，如果跨国公司以新设企业D的模式进入东道国市场，那么市场上存在 4 个企业，产品的边际成本都为 c，销售量分别为 Q_D、Q_1、Q_2 和 Q_3，市场价格为 P_D，它们进行古诺竞争。

古诺竞争求解得：

$$Q_D=Q_1=Q_2=Q_3=\frac{a-c}{5}; \quad P_D=\frac{a+4c}{5} \tag{7}$$

$$\pi_D=\pi_1=\pi_2=\pi_3=\frac{(a-c)^2}{25} \tag{8}$$

如果跨国公司以并购其中某个企业的模式进入东道国市场，为了分析方便，这里特指第一个企业，那么市场上存在 3 个企业，并购后的企业 M 的边际成本为 θc，其他企业的边际成本为 c，销售量分别是 Q_M、Q_2' 和 Q_3'，市场价格为 P_M，它们进行古诺竞争。

古诺竞争求解得：

$$Q_M=\frac{a+2c-3\theta c}{4}; \quad Q_2'=Q_3'=\frac{a+2c-\theta c}{4} \tag{9}$$

$$P_M=\frac{a+\theta c-2c}{4}; \quad \pi_M=\frac{(a+2c-3\theta c)^2}{16} \tag{10}$$

$$\pi_2'=\pi_3'=\frac{(a+2c-\theta c)^2}{16} \tag{11}$$

一、在不可以阻止并购的条件下，跨国公司的进入模式选择

在东道国企业不可以阻止并购的条件下，跨国公司按照自己意愿选择进入模式，而第一个企业同意被并购的条件是 $K=\pi_2'=\pi_3'$。

跨国公司选择以并购第一个企业的模式进入东道国市场的必备条件：

$\pi_M-K>\pi_D$

解得 $\theta<\dfrac{5a+5a-\sqrt{33}a\sqrt{33}c}{10c}$

这表明，在不可以阻止并购的条件下，如果并购后企业的成本降

低参数 θ 小于"临界点" $\frac{5a+5a-\sqrt{33}a\sqrt{33}c}{10c}$，那么跨国公司选择以并购模式进入东道国市场；如果并购后企业的成本降低参数 θ 大于"临界点" $\frac{5a+5a-\sqrt{33}a\sqrt{33}c}{10c}$，那么跨国公司选择以绿地投资模式进入东道国市场。

二、在可以阻止并购的条件下，跨国公司的进入模式选择

在可以阻止并购的条件下，假定国内其他企业必须结成联盟才能阻止跨国公司的并购进入，而结成联盟需要成本 X（2），X（2）>0。

根据假定，国内其他企业将比较并购与绿地投资两种进入模式下其利润的差异，同时考虑到结成联盟所需要的成本 X（2），如果后者减去 X（2）大于前者，那么它们将结成联盟阻止跨国公司的并购进入，而跨国公司通过新设企业 D 的模式进入国内市场。

国内其他企业选择阻止跨国公司的并购进入的必备条件为：

$$\sum_{i=2}^{3}\pi i - X(2) > \sum_{i=2}^{3}\pi i'$$

当联盟成本 $X(2) < \frac{2}{25}(a-c)^2$ 时，

解得 $\theta < \frac{\sqrt{16(a-c)^2 - 200X(2)} - 5a + 10c}{5c}$

也即当 $\theta < \frac{\sqrt{16(a-c)^2 - 200X(2)} - 5a + 10c}{5c}$ 时，跨国公司只能以绿地投资模式进入东道国市场；当 $\frac{\sqrt{16(a-c)^2 - 200X(2)} - 5a + 10c}{5c} < \theta$ 时，国内企业不阻止跨国公司的并购进入，跨国公司选择的进入模式将与不可以阻止并购条件下的相同。

且有 $\frac{\sqrt{16(a-c)^2 - 200X(2)} - 5a + 10c}{5c} < \frac{5a+5a-\sqrt{33}a\sqrt{33}c}{10c}$

这表明，在可以阻止并购且联盟成本 $X(2)<\frac{2}{25}(a-c)^2$ 的条件下，如果并购后企业的成本降低参数 θ 小于"临界点" $\frac{\sqrt{16(a-c)^2-200X(2)}-5a+10c}{5c}$，那么由于国内其他企业的联盟阻止，跨国公司只能以绿地投资模式进入东道国市场；如果并购后企业的成本降低参数 θ 在"临界点" $\frac{\sqrt{16(a-c)^2-200X(2)}-5a+10c}{5c}$ 和 $\frac{5a+5a-\sqrt{33}a\sqrt{33}c}{10c}$ 之间，那么跨国公司选择以并购模式进入东道国市场；如果并购后企业的成本降低参数 θ 大于"临界点" $\frac{5a+5a-\sqrt{33}a\sqrt{33}c}{10c}$，那么跨国公司选择以绿地投资模式进入东道国市场。

三、国内福利分析

当跨国公司把利润全部返回母国时，跨国公司的不同进入模式及国内企业的不同反应将会导致不同的国内福利水平。

用 $\triangle CS$ 表示并购进入模式下的消费者剩余与绿地投资进入模式下的差额，其值为：

$$\triangle CS= \int_{P_M}^{P_D} = (aP_D-\frac{P_D^2}{2}) - (aP_M-\frac{P_M^2}{2}) \tag{12}$$

由于 $\frac{d\triangle CS}{dq}<0$，$\triangle CS$ 是关于 θ 的减函数，且当 $\triangle CS=0$ 时，$\theta=\frac{6c-a}{5c}$。所以，如图 4-2，当 $\theta<\frac{6c-a}{5c}$ 时，$\triangle CS>0$，消费者在并购的情况下境况更好；当 $\theta>\frac{6c-a}{5c}$ 时，$\triangle CS<0$，消费者在绿地投资的情况下境况更好。

在可以阻止并购的条件下，国内企业的利润可能还与联盟成本的大小有关，下面分别对两种条件下的福利状况进行考察。

在不可以阻止并购的条件下，用 $\triangle PS$ 表示并购进入模式下的国

内企业利润与绿地投资进入模式下的差额,其值为:

$$\triangle PS = K + \sum_{i=2}^{3} \pi i' - \sum_{i=2}^{3} \pi i = 3(\pi_2' - \pi_2) \qquad (13)$$

由于 $\dfrac{d\triangle CS}{dq} > 0$,△PS是关于 θ 的增函数,且当△PS=0时,θ = $\dfrac{6c-a}{5c}$。所以,如图4-2,当 θ < $\dfrac{6c-a}{5c}$ 时,△PS<0,国内企业在绿地投资的情况下境况更好;当 θ > $\dfrac{6c-a}{5c}$ 时,△PS>0,国内企业在并购的情况下境况更好。

因此,国内企业与消费者的利益存在冲突,东道国的总福利水平变化为:

$$\triangle W = \triangle CS + \triangle PS = \left(aP_D - \dfrac{P_D^2}{2}\right) - \left(aP_M - \dfrac{P_M^2}{2}\right) + 3(\pi_2' - \pi_2)$$

如果△W=0,可解得 $\theta_1 = \dfrac{58c-23a}{35c}$; $\theta_2 = \dfrac{6c-a}{5c}$

因为 $\dfrac{58c-23a}{35c} < \dfrac{6c-a}{5c} < \dfrac{5a+5a-\sqrt{33}\,a\sqrt{33}\,c}{10c}$

如图4-2,这表明,当 $0 < \theta < \dfrac{58c-23a}{35c}$,即 θ 在 Ⅰ 区间时,△W>0;

当 $\dfrac{58c-23a}{35c} < \theta < \dfrac{6c-a}{5c}$,即 θ 在 Ⅱ、Ⅲ、Ⅳ 和 Ⅴ 区间时,△W<0;

当 $\dfrac{6c-a}{5c} < \theta < \dfrac{5a+5a-\sqrt{33}\,a\sqrt{33}\,c}{10c}$,即 θ 在 Ⅵ 区间时,△W>0;

当 $\dfrac{5a+5a-\sqrt{33}\,a\sqrt{33}\,c}{10c} < \theta < 1$,即 θ 在 Ⅶ 区间时,△W>0。

在可以阻止并购的条件下,当 $\theta < \dfrac{\sqrt{16(a-c)^2 - 200X(2)} - 5a + 10c}{5c}$ 时,国内其他企业花费 X(2) 的联盟成本来阻止跨国公司的并购进入。用△PS'表示存在联盟成本时两种进入模式的国内福利差额,其值为:

$$\triangle PS' = K + \sum_{i=2}^{3}\pi i' - [\sum_{i=2}^{3}\pi i - X(2)] = 3(\pi_2' - \pi_2) + X(2) \quad (14)$$

由于 $\dfrac{d\triangle CS}{dq} > 0$，$\triangle PS'$ 是关于 θ 的增函数，且当 $\triangle PS' = 0$ 时，

$$\theta = \dfrac{\sqrt{16(a-c)^2 - \dfrac{400}{3}X(2)} - 5a + 10c}{5c}，所以，$$

当 $\theta < \dfrac{\sqrt{16(a-c)^2 - 200X(2)} - 5a + 10c}{5c} < \dfrac{\sqrt{16(a-c)^2 - \dfrac{400}{3}X(2)} - 5a + 10c}{5c}$

时，如图 4-2 所示，$\triangle PS' < 0$，国内企业在绿地投资的情况下境况更好。

这时，如图 4-2，$\theta < \dfrac{\sqrt{16(a-c)^2 - 200X(2)} - 5a + 10c}{5c} < \dfrac{6c-a}{5c}$，

$\triangle CS > 0$，消费者在并购的情况下境况更好。

同样，国内企业与消费者的利益存在冲突，东道国的总福利水平变化为：

$$\triangle W' = \triangle CS + \triangle PS' = (aP_D - \dfrac{P_D^2}{2}) - (aP_M - \dfrac{P_M^2}{2}) + 3(\pi_2' - \pi_2) + X(2)$$

如果 $\triangle W' = 0$，则当 $X(2) < \dfrac{2}{175}(a-c)^2 < \dfrac{2}{25}(a-c)^2$ 时，解得

$$\theta_1' = \dfrac{10c-3a}{7c} - \dfrac{\sqrt{64(a-c)^2 - 5600X(2)}}{35c};$$

$$\theta_2' = \dfrac{10c-3a}{7c} + \dfrac{\sqrt{64(a-c)^2 - 5600X(2)}}{35c}.$$

因为 $\dfrac{58c-23a}{35c} < \theta_1' < \theta_2' < \dfrac{\sqrt{16(a-c)^2 - 200X(2)} - 5a + 10c}{5c}$

如图 4-2，这表明，当 $0 < \theta < \dfrac{10c-3a}{7c} - \dfrac{\sqrt{64(a-c)^2 - 5600X(2)}}{35c}$，

即 θ 在 I 和 II 区间时，$\triangle W' > 0$；

当 $\dfrac{10c-3a}{7c} - \dfrac{\sqrt{64(a-c)^2 - 5600X(2)}}{35c} < \theta < \dfrac{10c-3a}{7c} + \dfrac{\sqrt{64(a-c)^2 - 5600X(2)}}{35c}$，即 θ 在 III 区间时，$\triangle W' < 0$；

当 $\dfrac{10c-3a}{7c} + \dfrac{\sqrt{64(a-c)^2 - 5600X(2)}}{35c} < \theta$

$< \dfrac{\sqrt{16(a-c)^2 - 200X(2)} - 5a + 10c}{5c}$，即 θ 在Ⅳ区间时，$\triangle W' > 0$。

当 $\theta > \dfrac{\sqrt{16(a-c)^2 - 200X(2)} - 5a + 10c}{5c}$ 时，国内其他企业不阻止跨国公司的并购进入。如图 4-2，这时的福利曲线与不可以阻止并购条件下的线条重合。

且当 $c > \dfrac{23}{58}a$ 时，以上所有的"临界点"都在（0，1）区间。

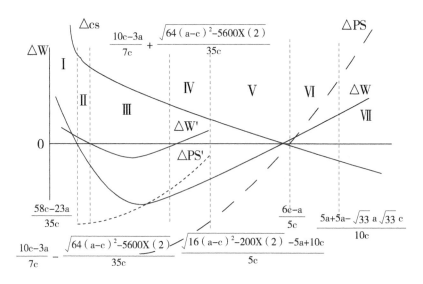

图 4-2　两种进入模式导致的福利水平差异

以上分析表明：当东道国内原来是三个企业的寡头垄断市场，且国内企业的联盟成本 $X(2) < \dfrac{2}{175}(a-c)^2$ 时，如表 4-2，如果并购后企业的成本降低参数 θ 处于第Ⅰ区间，那么在不可以阻止并购的条件下，福利在并购的情况下更好，而在可以阻止并购的条件下，国内其他企业联盟阻止跨国公司的并购进入，东道国福利减少；如果并购后企业的成本降低参数 θ 处于第Ⅱ区间，那么在不可以阻止并购的条件下，福利在绿地投资的情况下更好，而在可以阻止并购

的条件下，国内其他企业联盟阻止跨国公司的并购进入，但联盟成本的损失大于两种进入模式的福利差异，东道国福利减少；如果并购后企业的成本降低参数 θ 处于第Ⅲ区间，那么在不可以阻止并购的条件下，福利在绿地投资的情况下更好，而在可以阻止并购的条件下，国内其他企业联盟阻止跨国公司的并购进入，且联盟成本的损失小于两种进入模式的福利差异，东道国福利增加；如果并购后企业的成本降低参数 θ 处于第Ⅳ区间，那么在不可以阻止并购的条件下，福利在绿地投资的情况下更好，而在可以阻止并购的条件下，国内其他企业联盟阻止跨国公司的并购进入，但联盟成本的损失大于两种进入模式的福利差异，东道国福利减少；如果并购后企业的成本降低参数 θ 处于第Ⅴ区间，那么在不可以阻止并购的条件下，福利在绿地投资的情况下更好，而在可以阻止并购的条件下，国内其他企业不联盟阻止跨国公司的并购进入，东道国福利减少；如果并购后企业的成本降低参数 θ 处于第Ⅵ区间，那么在不可以阻止并购的条件下，福利在并购的情况下更好，而在可以阻止并购的条件下，国内其他企业不联盟阻止跨国公司的并购进入，东道国福利增加；如果并购后企业的成本降低参数 θ 处于第Ⅶ区间，那么在不可以阻止并购的条件下，福利在绿地投资的情况下更好，而在可以阻止并购的条件下，跨国公司选择以绿地投资模式进入，东道国福利增加。

表 4-2　两种条件下的跨国公司进入模式选择及国内福利水平比较

θ 的取值范围	不可以阻止并购的条件下		可以阻止并购的条件下		
	进入模式	国内福利	国内企业反应	进入模式	国内福利
Ⅰ区间	并购	增加	阻止	绿地投资	减少
Ⅱ区间	并购	减少	阻止	绿地投资	减少
Ⅲ区间	并购	减少	阻止	绿地投资	增加
Ⅳ区间	并购	减少	阻止	绿地投资	减少
Ⅴ区间	并购	减少	不阻止	并购	减少
Ⅵ区间	并购	增加	不阻止	并购	增加
Ⅶ区间	绿地投资	增加	不阻止	绿地投资	增加

第三节　结果分析

通过比较分析以上的两个模型,我们可以得出如下结论及启示:

当跨国公司有高水平技术且国内企业联盟成本很小时,国内其他企业往往会联盟阻止跨国公司的并购进入。这是因为很先进的技术意味着国内其他企业在与并购后企业竞争时处于更大的成本劣势,相应地取得较少利润,而很小联盟成本意味着国内其他企业很容易结成反对联盟。但是,这时国内福利在并购的情况下更好,阻止跨国公司的并购进入将导致东道国福利减少。在这种情况下,限制国内其他企业对并购的阻止,将提升东道国福利水平。

当跨国公司有较高水平技术且国内企业联盟成本较小时,国内其他企业仍然会联盟阻止跨国公司的并购进入。但是,由于在不可以阻止并购的条件下,国内福利在绿地投资的情况下更好,所以,如果国内其他企业阻止并购的联盟成本损失大于两种进入模式的福利差异,那么东道国福利减少;如果国内其他企业阻止并购的联盟成本损失小于两种进入模式的福利差异,那么东道国福利增加。在这种情况下,减少国内企业的联盟成本,或者直接引导跨国公司以绿地投资模式进入东道国市场,将提升东道国福利水平。

当跨国公司有一般水平技术时,国内其他企业不再联盟阻止跨国公司的并购进入,而跨国公司将自动选择最能提升东道国福利水平的进入模式。

第五章
跨国公司在华并购受审查的案例分析

近年来，随着外商在我国并购规模的不断扩大，部分国内企业开始反对，甚至结成联盟反对外资并购同行业企业。为了获得支持及实施，这些国内企业游说国家政府，指出外资并购会雪藏民族品牌和垄断国内市场，最终影响产业安全乃至国家经济安全，而国家政府高度重视外资并购有可能造成的这些严重后果，加大了外资并购进入的审查力度，部分外资并购案被喊停。

第一节 美国凯雷集团并购徐工

徐工集团工程机械股份有限公司原名徐州工程机械股份有限公司，系1993年6月15日经江苏省体改委苏体改生（1993）230号文批准，由徐州工程机械集团公司以其所属的工程机械厂、装载机厂和营销公司1993年4月30日经评估后的净资产组建的定向募集股份有限公司。徐工集团2003年营业收入超过154亿元，工业销售收入近126亿元，是中国工程机械行业首家百亿元大集团，中国企业500强之一。国内工程机械产品有136个品种，徐工拥有一半以上，并且有20个左右的产品市场占有率在前三名。[①]

2002年，为获得企业发展资金，解决员工安置等历史遗留问题，作为中国最大的工程机械开发、制造和出口企业——徐州工程机械集

---

① 资料主要来源：《凯雷折戟并购徐工机械》，企业观察 No.225，新浪财经 http://finance.sina.com.cn/blank/xugong_2008.shtml；马韬，《凯雷收购徐工案谢幕》，《南方周末》2007年12月28日；《话说徐工并购案，细数台前幕后事》，慧聪工程机械网 http://info.cm.hc360.com/zt/xugongbinggou/。

团（以下简称徐工）开始启动以徐工机械为平台的改制计划，将股权分散化、国际化，进一步做大做强企业。

2004年4月，徐州工程机械集团（以下简称徐工）在《香港经济日报》刊登了一个全球"招婿"的公告。徐工集团为徐州地方国有企业，想通过引进投资者的方式进行改制，或者简单说，徐州政府想卖掉徐工集团这一当地最大企业的大部分股权。

或许是老国企的通病，徐工集团也进行了债转股，以降低公司沉重的银行贷款产生的负担，轻装上阵再图发展。引进新的资金和投资方，无疑是加速发展的方式之一。中国华融等四大资产管理公司在2002年接管了徐工集团的债务，并转成了相应的股权，这四大资产管理公司通过类似方式解决了很多国有企业的银行债务沉重的问题。这笔股权曾经摆上了四大管理公司转卖的议事日程，但徐工集团又通过贷款的方式，将这笔占徐工约48%的股权，用6.8亿元"赎回"。

从2004年下半年开始，先后来了30多家机构到徐州考察徐工，洽谈收购事宜。在这30家机构中，有凯雷、摩根大通等国际投资基金，有卡特彼勒这种同行业的世界巨头，也有中国装备制造业巨头三一重工。三一重工是中国民营装备制造商，发展迅猛。

美国凯雷集团成立于1987年，是一家全球性的私人股权公司，在全球从事收购、创投等领域投资。2005年10月25日，徐工科技公告称，徐工集团当日与凯雷徐工机械实业有限公司，签署《股权买卖及股本认购协议》和《合资合同》，其中，凯雷徐工是凯雷亚洲投资基金（Carlyle Asia Partners, L.P.）在开曼群岛注册的全资子公司。根据协议，凯雷徐工以相当于人民币20.69亿元的等额美元，购买徐工集团所持82.11%徐工机械的股权。同时，徐工机械在现有12.53亿元注册资本基础上增资人民币24.16亿元，增资部分全部由凯雷徐工认购。

为此，凯雷徐工需要分两次各支付6000万美元，第二次支付的前提是，如果徐工集团2006年的经常性税息折旧及摊销前利润（EBITDA）达到约定目标。上述股权转让和增资完成后，变身为中外合资经营企业的徐工机械投资总额为42亿元，注册资本约14.95亿元人民币，徐工凯雷将拥有徐工机械85%的股权，剩余部分由徐工集团持有。

2006年6月6日的一篇博客文章，让徐州市政府主导的一场"招婿"行动成了大事件。此前事态平稳，未见多大波澜。这篇博客是三一重工总裁向文波写的，文中表示愿以凯雷的价格加价30%替换凯雷做此交易。这是他讨论凯雷收购徐工的第一篇博客。随后，向文波在博客里逐渐将事件丰富起来：三一重工很早就与徐州方面接触，但失去了进入下一轮被选择的资格。进入第二轮的7个机构，全为国际财团。针对这一说法，徐工方面做了回应："三一出价太低，第一轮就淘汰出局。"

向文波还认为，选择凯雷或许是一个安排好了的"局儿"。有数据支持他这么想，因为他获得了一份同是凯雷竞争对手的摩根大通基金的出价：31.98亿元人民币。很显然，这个数字直观上比凯雷方面要大方许多。但徐州方面给"招婿"设置了很多无法简单用金额衡量的门槛儿：能否带来新项目新技术，在退出时徐工方面有一票否决权以防止被产业资本控制，徐工品牌的保留等复杂的条款。综合评分凯雷最高——这是徐州市政府及徐工集团的判断。这些不透明的所谓评分，是给凯雷量身定做的——这是反对者向文波的判断。

基于这种迥然不同的判断结果，这个平稳运行了已近8个月、正等待国家管理部门批准的收购案，随着向文波的发难，演变成了一场大战。到2006年的6月24日，18天里，向文波已经在其博客发表了14篇文章，篇篇击中要害。在他的博客中，原本没有被披露的很多交易细节及数字被披露了,而徐工方面就细节问题,没有做任何正面回应。于是,参与讨论者的观点开始一边倒:通过黑幕交易以确定卖给凯雷,贱卖以让凯雷通过这个中国的地方国有企业获得暴利,这同时也将极大地伤害中国在装备制造业的产业安全。凡此种种,逐渐凝聚成了民族精神,"卖徐工就是卖国"的逻辑关系也渐渐成立。

类似的以改制之名贱卖国有资产、中国企业被外资收购后品牌被打入冷宫失去了竞争力等痛苦回忆在这场大讨论中被不断刷新,特别是让中国的网民们感受到了刻骨铭心之痛。一面是向文波的咄咄逼人,另一面是徐工和凯雷的缄口回避,从行为上也很容易理解为什么在 2006 年 6 月开始一个多月的时间里舆论一边倒。

徐工有口难辩,国际惯例是,这种收购本就是商业秘密,核心数据不可能公布。"你可以不相信我们,但这些文件在监管层面是完全透明的,管理部门可以随时调审这些文件,你说我敢不敢说假话?"2006 年 7 月 6 日,徐工方面回应。

此时段,网络上也出现了一个徐工方面的博客,与向文波的博客观点针锋相对,双方文来文往,刀光剑影。在这个热闹的 6 月,还有一件众生疑惑的事件:徐工集团的总经理付健在月初接到了市政府的调任令,任徐州市国有资产经营有限公司的总经理,该公司主要开展以公共设施投资为主的业务。由于付健反对将徐工卖与外资,这个关键时刻的调任无疑是火上浇油。每一个不能从正规渠道得到解释的事情,都成了标识事件进展的符号,而这些符号被不同方赋予了不同的意义。参与讨论的各方的智商受到了严峻的考验。一个月后,这场讨论惊动了上层。

2006 年 7 月 17 至 19 日,连续 3 天的下午,商务部召集所有与凯雷徐工并购案相关的单位,分批征求意见并详细询问细节问题。被召入京的有徐工集团的王民、王岩松及徐州市政府、江苏省外经贸厅主管负责人。这批人3天时间连遇数十问,问题涉及了每一个疑点,不能公开说的在听证会上全说了。

向文波和三一重工的董事长梁稳根也接到了主管部门的通知赴京。辩论双方在同一个大院里的不同会场同时接受着管理部门的问询。这是中国第一次因企业收购举行的听证会,虽然在很多国家这种程序司空见惯。

听证会结束后,并没有具体的指导性意见传出。而随着事态的进展,大人物也渐次出场。凯雷的创始人大卫·鲁宾斯坦专门飞抵北京,低调拜会相关部委诸多官员。同机抵达的还有美国前国务卿鲍威尔。他们来的目的是就凯雷收购徐工搁浅一事进行沟通。7月19日,官员们在问询之时,大卫·鲁宾斯坦又陪同鲍威尔在清华大学进行演讲。听证的同时,凯雷方也主动"正听"。通过长达一个月的大讨论,凯雷有些被妖魔化了。即便是坚决反对收购的向文波,在7月19日下午也表示:"不能神话外资,但同样不能妖魔化外资,资本是逐利的,(他们)这么做没有任何错。"

随后发生的事情,也使该事件具备了启蒙性:外资收购洛轴、苏泊尔也随后出现了类似的讨论。听证会结束后,由于并未传出不利于徐工方面的消息,使原本一边倒的大讨论开始回归平衡。但批复的消息也未出现。随着权威部门先后出场,大讨论的两个主要议题——贱卖论和威胁国家产业安全论,均由国家管理部门评估,讨论慢慢降温。

2006年10月16日,凯雷和徐工重新签订收购协议,凯雷收购的股权比例降至50%,收购总价为18亿元人民币,单位价格明显上升。这一次修改,仍然有不同的解读:有认为这种修改是根据管理层的授意进行修改的,说明在大方向上没有太大的问题,很快会被批复;也有认为这本身就是当时价格制定不合理导致的必然后果。

然后又是等待。此改无疾而终。2007年3月12日，商务部负责人在"两会"记者招待会上谈及徐工并购案时说："徐工、凯雷双方就投资比例事情进行协商，一旦达成一致，向商务部提出申请，我们将依法进行审理。"

3天后，改动又一次出现。3月15日，凯雷和徐工签订新协议，收购的比例降低到45%，剩余股权全由徐州国资委持有，单位价格比第一次修改再次上升11%。凯雷在合资公司的董事会的9个董事席位中，也将只拥有4个席位，其中只能委派一名副董事长，而董事长则从徐工集团委派的5名董事中产生。此时距第一份收购85%股权协议已经507天，而凯雷的收购设想也从绝对控股变成了参股。

向文波2007年3月19日下午评论此事进展时，认为更应该重视事件中的教训。该不该卖？什么价格卖？"正是因为制度性的缺陷，给了资本机会。"他评论道。没有一个好的价格制定机制，笼统的不低于净资产的管理规定，某种程度上成了不需要卖更高价的借口。向文波还给出了一个很简单的发现价格的方法，"先上市，再改制"，他说——这里指的改制，是外资进入改变股东结构，"市场是发现价格最好的工具"。向文波认为，这个事件或许是一个解决类似事件的具有教育意义的标本，"国外均有专职委员会处理此类收购事件，保护国家的产业安全，现在，我们仍然没有"。

2007年7月22日晚间，徐工科技的公告称，当日，公司接实际控制人徐州工程机械集团有限公司（下称徐工集团）书面通知，徐工集团、凯雷徐工机械实业有限公司（下称凯雷徐工）、公司控股股东徐工集团工程机械有限公司（下称徐工机械）签署的《股权买卖及股本认购协议》《〈股权买卖及股本认购协议〉之修订协议》《〈股权买卖及股本认购协议〉之修订协议（二）》，及徐工集团、凯雷徐工签署的《合资合同》《〈合资合同〉之补充合同》《〈合资合同〉之修订协议（二）》有效期已过。徐工集团、徐工机械不准备再与凯雷徐工就上述合资事项进行合作。双方努力了近3年的合资计划宣告失败。

从以上案例的进程，我们可以看到，正是由于国内企业三一重工以危及国内产业安全的名义带头反对，以至引导媒体舆论，惊动上层，商务部对并购事件进行安全审查，最终使得美国凯雷集团并购徐工的计划宣告失败。这说明，跨国公司在选择进入模式时，在考虑自身战略、被并购企业情况及利益因素之外，还需要考虑国内同行业其他企业的反应。

第二节　法国炊具业巨头 SEB 并购苏泊尔

苏泊尔集团是一家以炊具制造为主、多元发展的企业集团。公司始建于1994年，2002年国家工商总局认定"苏泊尔"为"中国驰名商标"。2003年，苏泊尔集团的综合实力进一步加强，被列入中国民企500强171位，拥有总资产13亿元，职工4000余名，其中工程技术人员约占20%。[①]

2006年8月16日，停牌两天后的苏泊尔发出公告宣布法国SEB

---

① 资料主要来源：《法国 SEB 收购苏泊尔案》，浙江都市网浙商频道 http://www.zt.zj.com/f/sbesg/；《SEB 收购苏泊尔》，新华财经 http://news.xinhuanet.com/stock/2006-09/06/content_5063260.htm；《法国 SEB 收购苏泊尔案》，新浪财经 http://finance.sina.com.cn/focus/sebsg/。

公司拟三步入股苏泊尔方案,后者将对其展开一系列的跨国战略投资。这是新《证券法》和《上市公司收购管理办法》颁行以来,国内证券市场上允许收购人以部分要约方式取得公司控制权的首个案例,上市公司收购成本由此大为降低。

SEB 国际股份有限公司（SEB INTERNATIONALE S.A.S）是一家法国股份有限公司,在里昂工商登记处注册,系 SEB 集团的一家全资子公司。该集团是全球最大的小家电和炊具生产商之一,在不粘锅、厨房用电器、熨斗、电扇、吹风机、移动电热器和洗衣机等家电领域拥有世界领先的技术与产品,先后创立或拥有 TEFAL、Moulinex、Rowenta 等世界知名电器和炊具品牌,业务遍布全球 50 多个国家和地区,在欧洲、美洲、亚洲拥有 20 家生产厂家。2005 年,SEB 集团的全球销售收入约为 24.63 亿欧元。

据苏泊尔发布的公告称,苏泊尔、苏泊尔集团及自然人股东苏增福、苏显泽与法国 SEB 国际股份有限公司（简称 SEB）签订了《战略投资框架协议》。该协议规定：SEB 拟以股权协议转让、定向增发和部分要约收购相结合的方式,对苏泊尔进行跨国战略投资。双方合作将分三步走：第一步,SEB 协议受让苏泊尔集团、苏增福、苏显泽三者持有的苏泊尔股份,合计 25320116 股。该协议转让获得苏泊尔董事会同意；第二步,苏泊尔董事会同意向 SEB 全资子公司定向增发 4000 万股股份,增发后苏泊尔的总股本将增至 216020000 股,SEB 将持有苏泊尔股份 65320116 股,占增发后公司总股本的 30.24%；第三步,SEB 向苏泊尔所有股东发出收购所持有的部分股份的要约,部分要约收购数量为 66452084 股。如该部分要约收购全部完成,SEB 届时将持有苏泊尔 131772200 股,占增发后苏泊尔总股本的 61%,从而成为公司控股股东。值得关注的是,此次战略投资中的协议转让价、定向发行价和部分要约收购价，均为每股 18 元，高于苏泊尔每股 16.34 元的历史最高价。

根据协议，SEB 集团将把苏泊尔的销售网络与 SEB 集团旗下的著名国际品牌相结合，以进一步提升苏泊尔的销售收入和利润。同时，SEB 还将把核心技术、品牌管理经验导入苏泊尔，以提升苏泊尔品牌组合，充分发挥其生产能力，最终利用 SEB 集团的国际营销网络，扩大苏泊尔产品的出口，帮助苏泊尔在国外打响自己的品牌。

然而，这一并购协议在炊具行业引起轩然大波，业内一致认为，SEB 成功获得苏泊尔绝对控股权后，SEB 必然垄断中国相关产品市场。

2006 年 8 月 29 日，苏泊尔在国内烹饪炊具行业的主要竞争对手——爱仕达电器有限公司、沈阳双喜炊具集团有限公司、顺发五金制品有限公司、广东家能现代厨具有限公司、金双喜实业发展有限公司、河南汤阴营养炊具有限公司等 6 家炊具企业聚首北京，成立反"苏"联盟，并向中国五金制品协会及商务部、工商总局、发改委、证监会、外管局等发出集体反对"苏泊尔并购案"的声明。声明称，如法国 SEB 集团绝对控股苏泊尔、垄断国内市场，将对社会、行业及广大消费者造成严重负面影响，呼吁主管部门立即对该并购案进行反垄断审查。

中国行业企业信息发布中心 2006 年 2 月发布的"2005 年全国压力锅主要品牌市场销售情况"显示，苏泊尔品牌销售量为 4925.6 万个，占全行业份额 41.08%，排名第一；销售额 9032.3 万元，占全行业份额 39.69%，排名第一。

牵头起草声明的爱仕达电器有限公司副总裁陈美荣表示，炊具业属劳动密集型行业，企业多是当地吸纳劳动力大户、利税大户，SEB 一旦绝对控股，完全可利用资金优势和苏泊尔的垄断地位，将目前业内的良性竞争格局变为以价格战、广告战等为先导的恶性竞争，使国内诸多企业倒闭。而加入反"苏"联盟的6家企业均为中国五金制品协会烹饪炊具分会副理事长级单位。该级别企业全国共8家，除已转作他业的"宁波双鱼"外，剩下的就是苏泊尔。

"不用打什么'引进国外先进技术'的幌子搞垄断式并购，我们的行业技术水平绝不比国外差"，广东顺发五金制品有限公司董事长谢俊雄将此例并购定义为"先垄断后抽血"，"用国内的技术、国内的工厂、国内的渠道、国内的人力，贴外国牌子，再冒称原装进口高价销售，最后，高额利润被外国人拿走——这不是抽血是什么？"爱仕达电器有限公司副总裁陈美荣则表示，并购后，好端端的民族品牌有可能被冷藏直至消失："富士丸（FUJIMARU）曾是日本家喻户晓的炊具品牌，被某国际大品牌收购后，两三年时间就走出日本消费者视线，取而代之的是那个国际大品牌。"

这一强烈反对行为引起了商务部的关注。在10月份先后向中国五金制品行业协会和中国轻工业联合会征求意见后，2006年10月，中国商务部启动反垄断审查程序，先后向中国五金制品行业协会和中国轻工业联合会征求对苏泊尔并购案的意见。11月3日，商务部正式发函，向涉及并购案的行业协会、竞争对手、上游供应商、下游销售商、消费者等征求意见，开始对"苏泊尔并购案"展开全面的反垄断调查。

爱仕达副总裁陈美荣表示："爱仕达坚决对此持反对意见，因为这一并购行为只会使得外资企业SEB最终以强大的资金、技术实力垄断国内炊具市场，会对本土炊具制造品牌带来很大的打击。"

双喜营销中心总经理马德桃介绍："商务部既然向众多国内炊具企业征求意见，那证明政府主管部门还是很关心中国本土民族产业健康发展的环境问题，希望商务部可以在收集到相关意见后，尽早召开反垄断听证会。"

苏泊尔副总裁王丰禾则表示，苏泊尔作为上市公司和中国本土企业，能否执行与SEB所签订的《战略投资框架协议》，自然会遵循相关政府部门和监管部门的最终决定。

"在这个问题上，同业反应尤其是行业协会的态度至关重要"，业内有人士分析称，虽然苏泊尔提供了相关数据，证明其并购后不会超过市场份额的20%，但就算苏泊尔不是在玩规避反垄断审查的数字游戏，行业其他竞争对手也有理由反对这次并购活动。因为在并购新规关于反垄断审查标准中，除了"四条红线"外，还有一条兜底条款，即使没有触线，但如果竞争企业、行业协会请求，有关部门认为并购涉及市场份额巨大，或存在其他严重影响市场竞争等重要因素的，也可以要求外国投资者做出报告，由国家有关部门审批。

"苏泊尔并购案"在中国引起轩然大波，其主要原因有二：一是"苏泊尔"这个知名品牌面临流失危险，二是业界担心SEB在收购苏泊尔后将在国内形成一家拥有"市场支配地位"的企业。

法国SEB总裁蒂耶里·德拉图尔达尔泰斯则表示，SEB从1968年开始收购外国企业，但从未有一个外国品牌因为被SEB收购而消失。他举例说："10年前，SEB收购了巴西小家电和厨具行业的领头羊ARNO公司和PANEX公司。收购后，SEB仍以ARNO和PANEX品牌打市场，并没有优先发展SEB本身品牌。目前，上述两个品牌产品年销售额达1.3亿欧元，占SEB集团在巴西总销售额的99%。"他强调："我们（收购苏泊尔）的计划非常明确，就是发展苏泊尔品牌，因为该品牌在中国非常知名。在一个地区销售本土品牌，这是SEB一贯的策略。如果我们收购了一个知名品牌而弃之不用，这是非常愚蠢的事情。""SEB收购苏泊尔的主要意图就是，利用SEB的技术优势扩大苏泊尔这个品牌的影响力,最终使该品牌向东南亚市场辐射,甚至打入美洲市场。"

对于第二项"指控",德拉图尔达尔泰斯表示,苏泊尔目前只占中国厨具市场份额的5%至10%,而SEB在中国的市场份额却几乎等于零,两者联姻绝无可能在中国形成垄断企业的可能。他反问道:"一个拥有一千多家生产商的市场上,一家只占市场份额10%的企业和一家几乎没有市场份额的企业联姻,怎么可能会形成垄断呢?"

经过漫长的审查等待,2007年4月11日,苏泊尔终于收到商务部同意法国SEB收购的批复。4月12日,苏泊尔(002032)发布公告,商务部有关批准苏泊尔引进境外战略投资者的批复如下:原则同意苏泊尔集团、苏增福、苏显泽以每股18元人民币价格分别向法国SEB国际股份有限公司协议转让9.71%、4.24%、0.43%股权,共计2532.0116万股。原则同意浙江苏泊尔股份有限公司以每股18元人民币的价格向法国SEB国际股份有限公司定向增发4000万股人民币普通股(A)股。原则同意法国SEB国际股份有限公司以部分要约方式收购苏泊尔不少于4860.5459万股,不多于6645.2084万股。值得注意的是,SEB战略投资苏泊尔后,SEB将持有苏泊尔52.74%至61%的股权,成为控股股东。同时,SEB所持有的苏泊尔上市公司A股股份3年内不得转让。

这些国内同行企业之所以要联合发表紧急声明反对SEB收购苏泊尔,显然不是为了消费者今后可能生活于烹饪炊具的垄断阴影下而心如油煎,而是苏泊尔与SEB的并购将使它们减少目前市场份额的奶酪。它们的品牌含金量将下降,它们的OEM数量有可能受到削减。任何一项集体的市场选择,几乎都是利益相关者为自己度身定制的反击武器。如这些反对企业担心苏泊尔并购案一旦成为事实,目前行业良性竞争格局将变为以价格战、广告战为先导的恶性竞争，国内许多企业将面临破产倒闭。而另一项有力的指控使该并购案造成炊具行业的垄断，造成民族品牌的灭顶之灾。

第三节 美国可口可乐并购汇源

汇源果汁集团于1992年创立于山东省，1994年将总部迁至北京市顺义区，1998年开始向全国发展，是中国最大的纯果汁制造商，汇源商标被认定为中国驰名商标。汇源果汁目前在中国纯果汁市场占有率第一，有关调查数据显示，2007年汇源在中国100%果汁市场和中浓度果汁市场的占有率均约为四成，领先其他同类企业。可口可乐则为全球最大软饮料制造商，亦是全球最大的果汁饮料经销商。透过全球最大的分销系统，可口可乐产品畅销200多个国家及地区，拥有全球软饮料市场48%的市场占有率，其核心产品占有中国软饮市场15.5%的份额，而中国是可口可乐在全球的第三大市场。可口可乐品牌价值已超过700亿美元，是世界第一品牌。可口可乐系列产品包括可口可乐、健怡可口可乐、芬达、雪碧、阳光、醒目、天与地、津美等。[①]

2008年9月3日，美国可口可乐公司与旗下全资子公司Atlantic Industries联合宣布，将以每股12.20港元，合计179.2亿港元（约合

---

① 资料主要来源：《可口可乐收购汇源果汁》，腾讯财经 http://finance.qq.com/zt/2008/kola/；《商务部否决可口可乐收购汇源案》，凤凰网财经频道 http://finance.ifeng.com/topic/cocacolahy/；《商务部否决可口可乐收购汇源》，金融界网 http://finance.jrj.com.cn/focus/cocacolahuiyuan/。

24亿美元)的代价,收购汇源果汁集团有限公司(简称汇源果汁公司)全部已发行股本。此外,还计划收购汇源果汁公司所有可转换流通债券和期权,交易总价值达196亿港元(约合25.1亿美元)。合计持有汇源果汁公司66%股份的汇源果汁控股有限公司(简称汇源控股公司)、法国达能集团和美国华平基金三大股东表示接受并做出不可撤回的承诺。这不仅是中国食品及饮料业有史以来的最大交易,也是迄今为止国内最大的一宗外资并购案。以179.2亿港元收购汇源果汁公司,也创下可口可乐公司1927年进入中国市场以来最大手笔的收购纪录,是其自1892年成立以来的第二大收购案。

可口可乐公司进行此次并购,是因为其在中国的饮料市场正面临着很大的经营压力:碳酸饮料的销售下降,可乐的市场份额被百事赶超,纯净水方面无法与娃哈哈抗衡,在果汁市场输给了汇源,茶饮料上则输给了康师傅和统一。尽管棕色带汽的可乐产品永远是可口可乐公司的立身之本,但非碳酸饮料,特别是果汁饮料在健康和营养方面更胜一筹。如美国超市所出售的饮料中,超过三分之二都是果汁饮料,尤以营养丰富的100%纯果汁最受欢迎。虽然我国的多数消费者仍喜欢直接食用新鲜水果,但随着消费习惯的改变,人们对果汁饮料的接受度将急剧上升。为此,可口可乐公司制定了全方位发展饮料业务、大力发展非可乐市场特别是果汁市场的经营战略。可口可乐公司赶超中国本土品牌的最好手段,除了利用其强大的品牌优势,就是凭借其经济实力和娴熟的资本运作,并购知名的本土品牌,加速本土化的布局。而汇源果汁公司的吸引力就在于,它是中国最大的果汁供应商和出口商,在纯果汁和中浓度果汁市场稳居领导地位,所占份额分别高达42.6%和39.6%。其汇源品牌又是中国果汁行业的第一品牌,被评为"最具市场竞争力品牌""中国最具影响力品牌""消费者心目中理想品牌第一名"等。如果收购成功，可口可乐公司将取得汇源果汁公司引以为傲的品牌价值、市场份额、市场潜力和营销网络，再加上可口可乐公司在低浓度果汁市场上的优势，二者的产品将形成良性互补。因此，倚仗两者的品牌效应和渠道协同，再辅以出众的资源整合能力、国际市场营销手段和产品研发优势，可口可乐公司在与中国同类企业的竞争中，无疑将占得先机。

在全球市场一片低迷的状况下，该项收购给出了近3倍于公司股价的超常溢价，由朱新礼全资控股的汇源控股公司将坐收超过74亿港元的股份出让款，并由其出任名誉董事长。法国达能集团最初是以战略投资者身份进入汇源果汁公司的，但其最新的四大业务板块是新鲜乳制品、水饮料、婴儿营养品和医疗营养品，果汁饮料不在战略版图当中，而且受娃哈哈事件的影响，其正在淡出在中国的合资公司，先后与光明、蒙牛乳业公司分手即是证明。所以法国达能集团此次选择战略退出当属意料之中。美国华平基金的身份是财务投资者，通过捆绑出售，相对能卖个高价，何乐而不为。况且，三大股东间签订的股权转让备忘录约定，不同意收购报价的一方需要补偿差价。因此，惩罚性条款的束缚也是三方选择一致行动的现实原因。

然而，在可口可乐宣布收购汇源果汁后，国内迅速掀起轩然大波。网上一项由近7万名网民参与的调查显示，高达82%的网民反对可口可乐收购汇源。信达证券分析师康敬东表示，汇源这样的民营企业被国外大公司收购情景并不乐观。目前，不光在饮料行业，在粮食等其他领域，外资收购的进程也越来越快，手笔也越来越大。如果汇源这种旗帜性的龙头企业都被收购的话，对整个行业来说是一种重创。中国食品工业协会一位不愿透露姓名的专家表示，这让他想起十几年前可口可乐进入内地市场时本土碳酸饮料全军覆没的往事，汇源被收购后，果汁市场也许将重蹈覆辙。除了这个，还有一个令人关心的问题，汇源品牌会不会陨落？对此，一向关注外资并购的专家表示，可口可乐根本没有必要买一个中国品牌来做，比起经营汇源这个品牌，不如说可口可乐在购买渠道和市场，"一旦在国内果汁行业站稳脚跟，品牌被丢弃的可能性很大"，人们争议的焦点集中在汇源作为中国民族品牌的行业翘楚，被可口可乐收购是否意味着民族品牌的消失。"倒并购"派人士称，因民族品牌被外资收购而彻夜难眠，沉痛哀叹此乃"民族品牌之殇"。汇源如被收购，是被可口可乐战术性绞杀，是不折不扣的汇源之殇。

2008年11月，商务部对可口可乐收购汇源案正式立案调查，12月4日，商务部首次公开表态："经审查，商务部认为可口可乐申报材料达到了反垄断法第23条的要求，根据反垄断法的规定，决定予以受理，并通知了申报方。目前，商务部正在依法对该案进行审理。"

2009年1月15日，商务部新闻发言人姚坚表示，商务部已立案受理了"可口可乐收购汇源案"的反垄断经营者集中审查申请，反垄断局正依法对此案进行审查。中国《反垄断法》规定，外资并购境内企业或者以其他方式参与经营者集中，涉及国家安全的，应当按照国家有关规定进行国家安全审查。根据反垄断法的相关规定，商务部将从六个方面来评估经营者集中的状况，如从市场份额及市场控制力、市场集中度、集中对市场进入和技术进步的影响、集中对消费者和其他有关经营者的影响及品牌对果汁饮料市场竞争产生的影响等。

2009年3月18日，商务部经审查认定，这项收购案将对竞争产生不利影响。收购完成后，可口可乐公司可能利用其在碳酸软饮料市场的支配地位，搭售、捆绑销售果汁饮料，或者设定其他排他性的交易条件，收购行为限制果汁饮料市场竞争，导致消费者被迫接受更高价格、更少种类的产品。同时由于既有品牌对市场进入的限制作用，潜在竞争难以消除限制竞争效果；收购行为还挤压了国内中小型果汁企业的生存空间，给中国果汁饮料市场竞争格局造成不良影响。为了减少收购对竞争产生的不利影响，商务部与可口可乐公司就附加限制性条件进行了商谈，要求申报方提出可行的解决方案，但可口可乐公司应商务部要求提交的修改方案仍不能有效减少此项收购对竞争产生的不利影响，因此商务部依法做出禁止此项收购的决定。商务部反垄断局负责人表示，反垄断审查的目的是保护市场公平竞争，维护消费者利益和社会公共利益。

对于此次没通过审查的外资并购案例，也有专家认为，商务部有义务拿出充分的证据，用来说明可口可乐为什么就一定"有能力把其在碳酸饮料行业的支配地位传导到果汁行业"。一个企业在一种产品上成功，并不等于在其他产品上也一定会取得成功。事实上可口可乐没这么大的能耐。市场的培育、品牌的塑造、生产的管理，都需要漫长的时间积累与考验，并不是在碳酸饮料市场中取得成功，就在其他领域也一定会取得成功的。也正因为这样，可口可乐要进入果汁市场，才需要收购汇源果汁，否则他自己搞个品牌，然后把自己的"支配地位""传导"过去就行了，何必花大钱收购？另外，可口可乐在碳酸饮料行业是否具有商务部所说的所谓"支配地位"，本身就是一个问题。在全球范围内，百事可乐一向都是可口可乐有力的竞争者，虽然可口可乐的市场份额依然更大，但它从来无法忽视百事可乐这样的竞争对手的存在。进一步讲，"市场支配地位"本身是个含糊不清的概念，一个企业在市场中具有多大的市场支配地位，得看人们是如何划分市场的。拿可口可乐来说，如果谈"碳酸饮料"，那它的市场份额是不小，但谈到饮料，再谈到食品，又谈到一般消费品，那它的份额也就微不足道了。

第四节 小结

从以上案例分析，我们可以看到，正是由于国内企业及相关利益团体以危及国内产业安全、消灭民族品牌、形成垄断等名义反对外资并购，以至引导媒体舆论，惊动上层，进而商务部对并购事件进行安全审查，最终使得外资并购计划不一定成功。这说明，跨国公司在选择进入模式时，在考虑自身战略、被并购企业情况及利益因素之外，还需要考虑国内同行业其他企业的反应。

然而，与众多国内企业反对外资并购同行业企业相反，很少有国内企业反对外商以绿地投资模式进入我国市场。这可能是因为，一方面，外商的绿地投资进入需要建立销售网络和推广品牌等，不会在短期内对国内企业造成威胁，另一方面，由于外商以绿地投资模式进入我国市场并不会垄断国内市场，或导致产业安全问题，所以即使国内企业反对，国家政府也不会支持或实施阻止。

第六章
跨国公司并购后的品牌策略：一个理论分析

20世纪90年代以来，随着我国市场进一步开放，投资环境不断改善，跨国公司在华的并购活动逐渐增多，并购规模由1990年的0.08亿美元上升到2005年的82.5亿美元[①]。并购规模的不断扩大，特别是国内龙头企业被并购的规模增大，一方面促使我国部分民族品牌得到了更好的发展，另一方面却导致我国部分民族品牌被跨国公司弃用，以至在市场上逐渐消失。那么，跨国公司并购后为什么会弃用东道国品牌？跨国公司在什么条件下会弃用东道国品牌？跨国公司又在什么条件下会继续保持经营东道国品牌？这是一个很有研究价值的问题，本书将运用扩展的Hotelling模型对其进行考察。

Hotelling模型由豪泰林首先在1929年提出来，研究了企业产品存在差异条件下的价格竞争问题，从而解开"伯川德悖论"（Bertrand Paradox）[70]。在此基础上，很多学者把Hotelling模型中的产品差异延伸为产品品牌差异，分析同类产品中存在品牌差异的情况下企业的价格竞争问题。Klemperer（1987）建立了一个存在产品品牌差异的Hotelling两期博弈模型，分析认为消费者从一种品牌转移到另一种品牌的消费需要花费转换成本、学习成本和契约成本，这些成本的存在会使企业两期博弈的需求都缺乏弹性，缓和企业间的竞争[71]。John F.R.Harter（2004）也基于Hotelling模型分析认为品牌忠诚度对产品的差异程度产生影响，并会改变企业间的价格竞争均衡[72]。蒋传海和夏大慰（2006）在Klemperer研究的基础上，进一步讨论了转移成本和产品品牌差异的存在对企业价格竞争和策略性行为的影响[73]。

沿用产品品牌差异这一思路，本书对Hotelling模型做了进一步扩展，构建存在三个差异品牌产品的一期动态博弈模型，分析跨国公司

---

① 数据来源于联合国贸发组织网站 http://stats.unctad.org/fdi。

并购东道国企业后的品牌策略问题。

第一节 Hotelling 基本模型

基本模型是在 Hotelling 模型基础上构建的存在两个差异品牌产品的一期动态博弈模型。假定东道国市场是一个长度为 1 的线性城市，消费者均匀地分布在 [0, 1] 区间里，分布密度为 1。市场上只有 A 和 B 两个企业，分别位于城市的两端，企业 A 在 X=0，企业 B 在 X=1，空间位置的差异代表了产品的品牌差异，两个企业销售两种同类但不同品牌的产品，A 企业销售 A 品牌产品，B 企业销售 B 品牌产品。每个企业提供单位产品的边际成本为零，消费者购买产品的旅行成本与离企业的距离成比例，单位距离的成本为固定值 t。这样，住在 X 的消费者如果购买 A 品牌产品，要花费 tX 的旅行成本，如果购买 B 品牌产品则要花费 t(1-X) 的旅行成本。假定消费者对于两类产品的初始效用评价都为 S，且 S 充分大，保证每个消费者可以从其中一个企业购买 1 单位的产品。

同时，和斯坦克尔伯格（Stackelberg）寡头竞争类似，假定 A 可以首先决定价格 P_A，而 B 在观测到 P_A 后，才选择自己的价格 P_B。令 $D_A(P_A, P_B)$、$D_B(P_A, P_B)$ 分别表示 A、B 两种品牌产品的需求函数，如果两种品牌产品对于住在 X 的消费者都是无差异的，即购买 A 品牌产品的效用等于购买 B 品牌产品的效用，$S-P_A-tX = S-P_B-t(1-X)$，那么，所有住在 X 左边的都将购买 A 品牌产品，而住在 X 右边的将购买 B 品牌产品，需求分别为 $D_A=X$，$D_B=1-X$。

由式 S-P_A-tX=S-P_B-t（1-X），可解得需求函数分别为：

$$D_A(P_A, P_B) = X = \frac{P_B - P_A + t}{2t}; \quad D_B(P_A, P_B) = 1 - X = \frac{P_B - P_A + t}{2t}$$

利润函数分别为：

$$\pi_A(P_A, P_B) = P_A D_A(P_A, P_B) = \frac{P_A(P_B - P_A + t)}{2t}$$

$$\pi_B(P_A, P_B) = P_B D_B(P_A, P_B) = \frac{P_B(P_A - P_B + t)}{2t}$$

首先考虑给定 P_A 的情况下，企业 B 的最优选择是：

$$\frac{\partial \pi_B}{\partial p_B} = P_A - 2P_B + t = 0$$

解得 $P_B^* = \frac{P_A + t}{2}$

由于企业 A 预测到企业 B 将根据 P_A 选择 P_B^*，因此把 P_B^* 代入 $\pi_A(P_A, P_B)$，企业 A 的利润函数变为：

$$\pi_A(P_A) = \frac{P_A(3t - P_A)}{4t}$$

企业 A 选择价格 P_A 使利润最大化，其利润函数的一阶条件为：

$$\frac{\partial \pi_A}{\partial p_A} = 3t - 2P_A = 0$$

企业 A 的定价及最大化利润为：

$$P_A^* = \frac{3t}{2}; \quad \pi_A^* = \frac{3t}{16}$$

第二节 跨国公司并购进入的品牌策略分析

假定在某时刻，一个销售同类产品，但拥有不同品牌 D 的跨国公司 F 以并购企业 A 的模式进入东道国市场，且根据与 A、B 产品的品牌差异程度，D 品牌产品位于线性城市 [0, 1] 区间的 X_1（$0 < X_1 < 1$）位置。这样，跨国公司 F 就拥有了 A、D 两个不同品牌，其既可以选择单一 A 品牌或 D 品牌经营的模式，又可以选择 A、D 两种品牌联合经营的模式，但在多品牌经营时需要花费大小为 C 的维护成本。同时，与 A 企业一样，假定并购 A 企业后的跨国公司可以首先决定价格，B 企业在观测到跨国公司的定价后，才选择自己的价格。

一、单一 A 品牌经营下跨国公司的均衡利润

当跨国公司 F 选择只销售 A 品牌产品时，令 π_F 表示跨国公司的均衡利润，跨国公司 F 与 B 企业之间价格竞争的纳什均衡，和基本模型中 A、B 两企业进行竞争的结果相同：

$$P_A^0 = \frac{3t}{2}; \quad \pi_F^0 = \frac{3t}{16}$$

二、单一 D 品牌经营下跨国公司的均衡利润

当跨国公司 F 选择只销售 D 品牌产品时，令 P_D 表示 D 品牌产品的定价，$D_D(P_D, P_B)$ 表示 D 品牌产品的需求函数。如果在 $[X_1, 1]$ 区间内，所有消费者都购买 B 品牌产品，也就即使住在 X_1 处的消费者购买 B 品牌产品的效用都大于或等于购买 D 品牌产品的效用，$S-P_D \leq S-t(1-X_1)-P_B$，那么，对于住在 $[0, X_1]$ 区间任意位置 X_{11} 的消费者而言，其购买 D 品牌产品的效用都将小于或等于购买 B 品牌产品的效用，$S-t(X_1-X_{11})-P_D \leq S-t(1-X_{11})-P_B$。这意味着在 $[0, 1]$ 区间的所有消费者都将购买 B 品牌产品，跨国公司的 D 品牌产品面临零需求量，利润为零。

因此，为了使利润最大化，跨国公司必须保证 D 品牌产品在 $[X_1, 1]$ 区间内有大于零的需求量。这时，在 $[X_1, 1]$ 区间内，如果两种

品牌产品对于住 X_{12}（$X_1 < X_{12} < 1$）处的消费者都是无差异的，即购买 D 品牌产品的效用等于购买 B 品牌产品的效用，$S-t(X_{12}-X_1)-P_D=S-t(1-X_{12})-P_B$，那么，所有住在 X_{12} 左边的都将购买 D 品牌产品，而住在 X_{12} 右边的将购买 B 品牌产品。而对于住在 [0, X_1] 区间内任意一位置 X_{13} 的消费者，因为购买 D 品牌产品的效用大于购买 B 品牌产品的效用，即 $S-t(X_1-X_{13})-P_D > S-t(1-X_{13})-P_B$，所以他们都将购买 D 品牌产品。这样，在 [0, 1] 区间内，D、B 两种品牌的需求分别为 $D_D=X_{12}$，$D_B=1-X_{12}$。

先考虑给定 P_D 的情况下，B 企业可以有两种选择。

第一种，在 [X_1, 1] 区间内达到利润最大化。由式 $S-t(X_{12}-X_1)-P_D=S-t(1-X_{12})-P_B$，可解得 B 品牌产品的需求函数：

$$D_B(P_D, P_B) = 1-X_{12} = \frac{P_D-P_B-tX_1+t}{2t}$$

B 企业的利润函数为：

$$\pi_B(P_D, P_B) = P_B D_B(P_D, P_B) = \frac{P_B(P_D-P_B-tX_1+t)}{2t}$$

B 企业选择价格 P_B 使利润最大化，其利润函数的一阶条件为：

$$\frac{\partial \pi_B}{\partial p_B} = P_D - 2P_B - tX_1 + t = 0$$

B 企业的定价及最大化利润为：

$$P_B^1 = \frac{P_D-tX_1+t}{2}; \quad \pi_B^1 = \frac{(P_D-tX_1+t)^2}{8t}$$

第二种，将价格 P_B 降低到使 [X_1, 1] 区间内的所有消费者都购买 B 品牌产品，从而占领整个市场，达到利润最大化。这时，B 企业面临的需求为 1，且它至少要使住在 X_1 处的消费者购买 B 品牌产品的效用等于购买 D 品牌产品的效用，$S-P_D=S-t(1-X_1)-P_B$。

这可解得 B 企业的定价及最大化利润为：

$P_B^2 = P_D - t + tX_1$； $\pi_B^2 = P_D - t + tX_1$

再考虑跨国公司 F 的最大化利润。由于预测到企业 B 的两种选择，跨国公司 F 为了保证 D 品牌产品在 [X_1, 1] 区间内有大于零的需求量，就必须使 B 企业选择第一种利润方案，也即要使 B 企业第一种选择的利润大于或等于第二种选择的利润，$\pi_B^1 \geq \pi_B^2$。

解得：$P_D \leq tX_1 + 3t - 4t\sqrt{X_1}$ （1）

由式 $S - t(X_{12} - X_1) - P_D = S - t(1 - X_{12}) - P_B$，可解得 D 品牌产品的需求函数为：

$$D_D(P_D, P_B) = X_{12} = \frac{P_B - P_D - tX_1 + t}{2t}$$

跨国公司 F 的利润函数为：

$$\pi_F(P_D, P_B) = P_D D_D(P_D, P_B) = \frac{P_D(P_B - P_D - tX_1 + t)}{2t}$$

将 B 企业第一种选择的价格 P_{B1} 代入利润函数得：

$$\pi_F(P_D) = \frac{P_D(tX_1 + 3t + P_D)}{4t} \quad （2）$$

在（1）式的约束条件下，可解得（2）式中跨国公司利润函数 $\pi_F(P_D)$ 的最大值为：

当 $0 < X_1 \leq 29 - 8\sqrt{13}$ 时，$P_D^1 = \frac{tX_1 + 3t}{2}$； $\pi_F^1 = \frac{t(X_1 + 3)^2}{16}$

当 $29 - 8\sqrt{13} < X_1 < 1$ 时，$P_D^2 = tX_1 + 3t - 4t\sqrt{X_1}$； $\pi_F^2 = tX_1\sqrt{X_1} + 3t\sqrt{X_1} - 4tX_1$

且将 P_D^1 与 P_D^2 分别代入式子 $X_{12} = \frac{P_B - P_D - tX_1 + t}{2t}$，都可得 $X_1 < X_{12} < 1$ 成立

三、A、D 两种品牌联合经营下跨国公司的均衡利润

当选择同时销售 A、D 两种品牌产品时，跨国公司 F 需要花费大

小为 C 的成本来维护多品牌经营。同样，如果在 [X_1, 1] 区间内，所有消费者都购买 B 品牌产品，那么，对于住在 [0, X_1] 区间的任意消费者而言，其购买 D 品牌产品的效用都将小于或等于购买 B 品牌产品的效用。这意味着在 [0, 1] 区间内，所有消费者都不会购买 D 品牌产品，跨国公司只销售单一的 A 品牌产品。

因此，为了实现多品牌经营，跨国公司必须保证 D 品牌产品在 [X_1, 1] 区间内有大于零的需求量。这时，在 [X_1, 1] 区间内，如果 D、B 两种品牌产品对于住在 X_{14}（$X_1 < X_{14} < 1$）处的消费者都是无差异的，即购买 D 品牌产品的效用等于购买 B 品牌产品的效用，$S-t(X_{14}-X_1)-P_D = S-t(1-X_{14})-P_B$，那么，所有住在 X_{14} 左边的都将购买 D 品牌产品，而住在 X_{14} 右边的将购买 B 品牌产品，D、B 两种品牌的需求分别为 $D_D^1 = X_{14}-X_1$，$D_B = 1-X_{14}$。

先考虑给定 P_A 和 P_D 的情况下，B 企业可以有两种选择：

第一种，在 [X_1, 1] 区间内达到利润最大化。和单一 D 品牌经营下的情况一样，B 企业的定价及最大化利润为：

$$P_B^3 = \frac{P_D - tX_1 + t}{2}; \quad \pi_B^3 = \frac{(P_D - tX_1 + t)^2}{8t}$$

第二种，将价格 P_B 降低到至少使 [X_1, 1] 区间内所有的消费者都购买 B 品牌产品，即住在 X_1 处的消费者购买 B 品牌产品的效用大于或者等于购买 D 品牌产品的效用，$S-t(1-X_1)-P_B \geq S-P_D$，然后与 A 品牌产品进行价格竞争，在 [0, X_1] 区间内达到利润最大化。

由式 $S-t(1-X_1)-P_B \geq S-P_D$，可解得：

$$P_B \leq P_D - t + tX_1 \tag{3}$$

如果 A、B 两种品牌产品对于住在 X_{15}（$0 < X_{15} < X_1$）处的消费者都是无差异的，即购买 A 品牌产品的效用等于购买 B 品牌产品的效用，

$S-tX_{15}-P_A=S-t(1-X_{15})-P_B$，那么，所有住在 X_{15} 左边的都将购买 A 品牌产品，而住在 X_{15} 右边的将购买 B 品牌产品，A、B 两种品牌的需求分别为 $D_A=X_{15}$，$D_B=1-X_{15}$。

由式 $S-tX_{15}-P_A=S-t(1-X_{15})-P_B$，可解得 B 品牌产品的需求函数为：

$$D_B(P_A, P_B)=1-X_{15}=\frac{P_A-P_B+t}{2t}$$

B 企业的利润函数为：

$$\pi_B(P_A, P_B)=P_B D_B(P_A, P_B)=\frac{P_B(P_A-P_B+t)}{2t} \tag{4}$$

在(3)式的约束条件下，可解得(4)式中 B 企业利润函数 $\pi_B(P_A, P_B)$ 的最大值为：

当 $P_D-t+tX_1 < \frac{P_A+t}{2t}$ 时，$P_B^4=P_D-t+tX_1$；$\pi_B^4=\frac{(P_D+tX_1-t)(P_A-P_D+2t-tX_1)}{2t}$

当 $P_D-t+tX_1 \geq \frac{P_A+t}{2t}$ 时，$P_B^5=\frac{P_A+t}{2t}$；$\pi_B^5=\frac{(P_A+t)^2}{8t}$

再考虑跨国公司 F 的最大化利润。由于预测到企业 B 的两种选择，跨国公司 F 为了保证 D 品牌产品在 $[X_1, 1]$ 区间内有大于零的需求量，就必须使 B 企业选择第一种利润方案，也即要使 B 企业第一种选择的利润大于或等于第二种选择的利润。

当 $P_D-t+tX_1 < \frac{P_A+t}{2t}$ 时，$\pi_B^3 \geq \pi_B^4$，可解得：

$$P_A \leq \frac{5P_D+5t^2X_1^2+9t^2+6P_D tX_1-14t^2X_1-10P_D t}{4P_D+4tX_1-4t} \tag{5}$$

当 $P_D-t+tX_1 \geq \frac{P_A+t}{2t}$ 时，$\pi_B^3 \geq \pi_B^5$，可解得：

$$P_A \leq P_D-tX_1 \text{（舍去）}① \tag{6}$$

---

① 为了实现多品牌经营，跨国公司也必须保证 D 品牌产品在 $[0, X_1]$ 区间内有大于零的需求量，即 $0 < D_D^2(P_A, P_D)$，解得 $P_D-tX_1 < P_A$。

由式 $S-t(X_{14}-X_1)-P_D=S-t(1-X_{14})-P_B$，可解得 D 品牌产品在 $[X_1, 1]$ 区间内的需求函数为：

$$D_D^1(P_D, P_B)=X_{14}-X_1=\frac{P_B-P_D-tX_1+t}{2t}$$

将 B 企业的定价 P_B^3 代入需求函数得：

$$D_D^1(P_D)=\frac{3t-P_D-3tX_1}{4t}$$

跨国公司的 D 品牌产品在 $[X_1, 1]$ 区间的利润函数为：

$$\pi_D^1(P_D)=P_D D_D(P_D)=\frac{P_D(3t-P_D-3tX_1)}{4t}$$

在 $[0, X_1]$ 区间内，如果 A、D 两种品牌产品对于住在 $X_{16}(0<X_{16}<X_1)$ 处的消费者都是无差异的，即购买 A 品牌产品的效用等于购买 D 品牌产品的效用，$S-tX_{16}-P_A=S-t(X_1-X_{16})-P_D$，那么，所有住在 X_{16} 左边的都将购买 A 品牌产品，而住在 X_{16} 右边的将购买 D 品牌产品，A、D 两种品牌产品的需求分别为 $D_A=X_{16}$，$D_B^2=X_1-X_{16}$。

由式 $S-tX_{16}-P_A=S-t(X_1-X_{16})-P_D$，可解得 A、D 两种品牌产品在 $[0, X_1]$ 区间内的需求函数分别为：

$$D_A(P_A, P_D)=X_{16}=\frac{P_D-P_A+tX_1}{2t}$$

$$D_D^2(PA, PD)=X_1-X_{16}=\frac{P_D-P_A+tX_1}{2t}$$

A、D 两种品牌产品在 $[0, X_1]$ 区间内的利润函数分别为：

$$\pi_A(P_A, P_D)=P_A D_A(P_A, P_D)=\frac{P_A(P_D-P_A+tX_1)}{2t}$$

$$\pi_D^2(P_A, P_D)=P_D D_D(P_A, P_D)=\frac{P_D(P_D-P_A+tX_1)}{2t}$$

跨国公司 F 的总利润函数为：

$$\pi_F(P_A, P_D)=\pi_D^1(P_D)+\pi_D^2(P_A, P_D)+\pi_A(P_A, P_D)-C$$

$$= \frac{3P_Dt+4P_AP_D-2P_A^2-3P_D^2+2P_AtX_1-P_DtX_1}{4t}-C \quad (7)$$

在（5）（6）式的约束条件下，可解得（7）式中跨国公司 F 的利润函数 $\pi_F(P_A, P_D)$ 的最大值为：

当 $0<X_1 \leq 29-8\sqrt{13}$ 时，$P_D^3=\dfrac{tX_1+3t}{2t}$，$P_A^3=\dfrac{37tX_1^2+21t-10tX_1}{24X_1+8}$；

$$\pi_F^3=\frac{3359tX_1^4-6030tX_1^2+4956tX_1^3+1287t+3852tX_1}{4608X_1^2+3072X_1+512}-C$$

当 $29-8\sqrt{13}<X_1<1$ 时，$P_D^4=tX+3t-4t\sqrt{X_1}$，$P_A^4=\dfrac{6tX_1+12t-16t\sqrt{X_1}}{4}$；

$$\pi_F^4=\frac{24t\sqrt{X_1}-32tX_1+tX_1^2+8tX_1\sqrt{X_1}}{8}-C^{①}$$

且 P_D^3、P_A^3、P_A^4、P_D^3 分别都使 $X_1<X_{14}<1$，$0<X_{16}<X_1$ 成立

四、跨国公司的品牌策略

这样，对于三种品牌经营模式，跨国公司 F 将选择能实现其利润最大化的一种。

首先，当多品牌经营的维护成本 C 很小时，跨国公司 F 的品牌策略为：

当 $0<X_1 \leq 0.413$ 时，$\pi_F^0 \leq \pi_F^3$，$\pi_F^1 < \pi_F^3$，$\pi_F^0 \leq \pi_F^4$，$\pi_F^2 < \pi_F^4$，跨国公司选择联合经营 A、D 两种品牌；

当 $0.413<X_1<1$ 时，$\pi_F^1<\pi_F^3<\pi_F^0$，$\pi_F^2<\pi_F^4<\pi_F^0$，跨国公司选择经营单一 A 品牌。

其次，当多品牌经营的维护成本 C 很大时，跨国公司 F 的品牌策

---

① 由于在双变量的约束条件下，跨国公司利润最大化的求解过程异常复杂，得不到均衡解，因此，这里假定 D 品牌产品的定价 P_D^3、P_D^4 还是与单一 D 品牌经营下的 P_D^1、P_D^2 相同，通过求解 A 品牌产品的最优价格 P_A^3 和 P_A^4，得到跨国公司多品牌经营的近似最大利润值。当然，这样的处理对本书结论不会产生影响。

略为：

当 $0<X_1\leq0.382$ 时，$\pi_F^3<\pi_F^1$，$\pi_F^0\leq\pi_F^1$；$\pi_F^4<\pi_F^2$，$\pi_F^0\leq\pi_F^2$，跨国公司选择经营单一 D 品牌

当 $0.382<X_1<1$ 时，$\pi_F^3<\pi_F^1<\pi_F^0$；$\pi_F^4<\pi_F^2<\pi_F^0$，跨国公司选择经营单一 A 品牌

第三节 结果分析

以上 Hotelling 模型的分析表明，在不同的条件下，跨国公司并购东道国企业后，对于东道国品牌会有不同的品牌策略。

当跨国公司的自有品牌与东道国品牌的差异程度较小，与东道国竞争企业的品牌差异程度较大，且多品牌经营的维护成本很小时，跨国公司并购后将选择联合经营自有品牌与东道国品牌。

当跨国公司的自有品牌与东道国品牌的差异程度较小，与东道国竞争企业的品牌差异程度较大，且多品牌经营的维护成本很大时，跨国公司并购后将选择弃用东道国品牌，而单独经营自有品牌。

当跨国公司的自有品牌与东道国品牌的差异程度较大，与东道国竞争企业的品牌差异程度较小时，跨国公司并购后将选择弃用自有品牌，而单独经营东道国品牌。

第七章
跨国公司在华并购的品牌策略案例分析

第一节　南孚电池被外资并购案例

20世纪80年代末，福建省南平电池厂时任厂长陈来茂到国外考察时发现，融合着当时先进技术的碱性高能锌锰电池是未来市场的方向，但是需要引进的日本生产线高达5000万人民币，而当时南孚的固定资产只有不到200万。但正是这一巨大的资金挑战，启动了南孚现代企业化的进程。1988年，经过陈来茂的奔波争取，该厂与福建兴业银行、中国出口商品基地建设福建分公司（简称"基地福建公司"）、香港华润集团百孚有限公司（基地福建公司的子公司）合资组建成立了我国电池行业第一家合资企业——福建南平南孚电池有限公司。其中，百孚公司是当时中国出口商品基地建设总公司设在香港的子公司，持有南孚电池25%股份，基地福建公司持股20%，南平电池厂以280万元左右的固定资产投入，占40%股份，而兴业银行则投了90万元人民币，占15%股份。南孚电池的成立被称为当时电池行业第一家合资企业。然而太过分散的股权为日后南孚对股权的失控埋下了隐患。①

1990年7月15日，南孚以6000多万元代价引进的首条日本富士LR6碱性锌锰电池生产线正式投产。1993年，南孚再次引进了国内第一条碱性高能锌锰电池生产线。此后，南孚的硬件设备逐步完善，管

---

① 资料主要来源：《民族品牌"国退洋进"之一：误上洋船，南孚走向深渊》，搜狐财经 http://business.sohu.com/s2005/nanfu.shtml；胡雄，《南孚蹊跷消失》，《中国财富》2007年第9期；巫才林、李鑫，《反思外资并购行为——外资并购对中国经济的负面影响及底线分析》，《集团经济研究》2007年第8期。

理走上专业化，规模不断扩大，开始领跑国内电池行业，逐渐树立起了南孚的品牌地位，到1998年前后，南孚固定资产已经高达4个亿。当时正值传呼机风靡内地之时，对电池需求量极大，南孚的经典产品高能环保电池广受欢迎，各地的经销商甚至一度提着大包现金驻扎在南平争相提货。

1998年，南孚更换了第一个股东。当时，因新的《商业银行法》规定商业银行不得向企业投资，作为股东之一的兴业银行将持有的15%股份以2500万的价格卖给了民营企业——大丰电器有限公司。但真正让南孚命运发生重大转折的股东变更发生在1999年。

20世纪90年代末期，摩根通过各种途径了解到南孚电池，看中南孚强大的品牌资源和发展潜力。但摩根深知，若要掌控这一中国民族品牌，会立即遭到中国公众的一致反对，因而放弃了以一己之力完成掌控南孚的想法，而是选择了之后的另一个股东——中金公司充当自己的公关。摩根与中金公司此前有过合作。20世纪90年代末期，中金公司投资了新浪网，摩根作为该网站上市的承销商，和中金公司建立了良好的合作关系。当摩根准备投资南孚时，中金公司也看好了南孚。二者不谋而合。而且他们赶上了一个好时机，那就是1999年。这一年，引进外资的新政策出台，我国开始出现大规模引进外资热潮。作为福建省南平市的重点国有企业，南孚被贯彻"国有资产从非竞争性领域退出"并被列入了市政府国资退出的第一批企业名单中。国资退出给拥有丰富人脉资源的中金公司平添了几分胜算。他们与摩根一起找到当时南平市委某主要领导进行游说，承诺要为南孚拉到5个亿的投资，而这一巨额数字背后的另一个标签无疑是显赫的政绩，因此着实让该领导动了心。高频率强轰炸的政府公关很快征服了该领导，他开始积极往返于南孚和福建省政府之间，极力敦促南孚进行合资。

1999年9月8日,在中国厦门举办的第三届投资贸易洽谈会上,南平市政府找来了中国国际金融有限公司,经市政府的极力撮合,中国国际金融有限公司(以下简称"中金公司")联合美国摩根士丹利金融财团(以下简称"摩根")、荷兰国家投资银行、新加坡政府投资公司,加上南平电池厂、基地公司等几个中方股东,在香港组建中国电池有限公司,总股本1万股。其中,新加坡政府投资公司投入1000万美元,摩根投入400万美元,荷兰国家投资银行与中金总共投入100多万,四家股东占中国电池合计49%股份,中方股东以持有的南孚电池部分股权作为出资,占中国电池51%股份。通过对南孚注资及受让大丰电器所持5.75%股份,中国电池共获得了南孚电池69%的股份。由于中国电池拥有南孚的绝对控制权,外方股东如果增加2%股份,就可通过中国电池间接控股南孚电池。成立中国电池的初衷是2000年将南孚电池以红筹股形式在香港上市。不过,香港主板上市要求公司股东三年不发生大的变动,南孚上市计划因股东的频繁变更而化为泡影。事实正是如此,中方逐渐失去对南孚股权的控制,最终未能避免被竞争对手收购。股份公司的成立从此改变了南孚电池的命运。

可是当时的南孚真的急需资金注入吗?1999年,南孚电池销售全线飘红,多家银行争相给南孚贷款,而南孚该年的资产负债率为62%,没有脱离正常水平。所有征象都表明,当时的南孚根本不需要资金,继续自主发展才应该是这个民族品牌的明智选择。南孚总经理丁曦明向社会吐露了当时合资的苦衷:"南孚其实并不缺乏资金,相反,我们的资金很充裕。南孚当时是被迫合资的!"但南孚电池是南平市乃至福建省的重点企业,多年来与地方政府接触密切。在福建省招商引资政策和南平地方政府"做大做强"的部署下,南孚开始引进外资,于是完全健康的南孚被强制输血。当时的协议向外资倾斜,股权设置缺失针对风险控制的相关条款，比如股权转让的期限、受让方的限制、优先回购权甚至一票否决权等。这使得南孚根本无法把握住企业的控制权。之后，摩根依照自己的投资策略，将触角伸向与南孚有关联的所有环节，其他股东、地方政府、各类传媒。

作为国际风险投资大鳄，摩根士丹利要入股一家企业的理由很简单，无非是看中其潜在的市场价值，时机一到便将其所持股份抛售，从股票升值中赚取巨额利润。南平市政府引进国际风险投资的举动无疑是"引狼入室"，南孚后来被出卖给竞争对手的厄运便由此开始。

2000年，百孚公司在香港炒金亏损了几千万美元。为了偿还债务，将其持有的中国电池20%的股份转让给基地总公司的另外一个子公司，并将余下的股份卖给摩根士丹利，这8.25%的股份出让，意味着中方已经失去中国电池的控股权。2001年，基地总公司的子公司将其持有的20%中国电池股份，以7800万元的价格转让给了富邦控股集团，之后，摩根士丹利以1500万美元的价格从富邦控股手中买回了这些股份。据了解，本来摩根士丹利希望中国电池有限公司能够在海外上市，从而给它带来巨额的股票收益，但是由于股权变动频繁，中国电池没有取得在香港上市的资格。2002年，上市搁浅后，南平地方政府也将其持有的中国电池股权以1000万美元的价格转让给外资股东。

到了2003年，南孚电池以近8亿元人民币的销售收入占据中国电池市场半壁江山，成为中国第一、世界第五大碱性电池生产商。而此时，南孚的竞争对手美国吉列公司面对南孚的强劲竞争，进入中国10年，始终无法在中国打开局面，市场份额不及南孚的10%。

然而，2003年8月，生产剃须刀和金霸王电池等消费产品的美国吉列（Gillette）公司，以1亿美元的价格从摩根士丹利、鼎晖投资、新加坡政府投资等公司手中买走了香港（中国）电池公司的全部股权，进而控股南孚电池。经过数次的转让，中国电池的股份已经完全转移到了外资股东手中。中国电池公司大约拥有南孚72%的股份。另外28%的股份分别由南平国投、中国出口商品基地总公司、大丰电器公司持有。

短短几年时间，南孚由中国电池生产业的巨头变成了其竞争对手的子公司，而且这个竞争对手曾是它的手下败将。吉列的金霸王电池进入中国市场10年，却始终无法打开局面，市场份额不到南孚的10%。并购后，最大的竞争对手消失了，而且还得到一家年利润8000万美元、拥有300多万个销售点的电池生产企业，更重要的是获得了大半个中国市场。本来南孚的优质碱性电池已打入国际市场，此时正是向海外发展的大好时机，可是为了避免和母公司争夺市场份额，南孚只好匆匆鸣金收兵。2005年，宝洁公司以570亿美元的价格并购吉列，南孚又成了宝洁公司的子公司。

从1999年摩根士丹利等海外投资基金进驻到2003年被海外竞争对手吉列控制，再到如今收归宝洁，南孚电池是近年来海外投资基金收购热潮下的中国企业中，经历完整投资基金运作流程（从进入到实现增值再到转手）且体验过金融资本和产业资本不同控制之道的少数企业之一。南孚电池的发展史可谓波澜壮阔，仅用不到20年的时间，就从一个最初注册资本不到200万元、靠生产过糊式电池以求温饱的集体所有制小企业发展到现在总销量超过10亿只、年产值逾10亿的中国第一、世界第五大碱性电池生产商。正因如此，南孚曾是国人心中当之无愧的民族品牌。然而，正当南孚电池乘风破浪、快速上升之时，却被莫名其妙的引进外资、日渐混乱的股权变化纠缠上了。从此，由女足名将孙雯代言的那句中国消费者耳熟能详的南孚电池广告口号——"民族力量"彻底消失了，南孚成了外资控股的企业。

第二节 中华牙膏被外资并购案例

1994年1月，上海联合利华牙膏有限公司成立。联合利华以1800万美元资金入股，取得了合资公司的控股权；上海牙膏厂以土地厂房和设备作价1200万美元入股，占有40%的股份。之后双方在品牌上达成了许可经营合同，在合资公司中，联合利华投入了自有的牙膏品牌"洁诺"和"皓清"，而上海牙膏厂则依联合利华要求将主力品牌"中华"和"美加净"品牌许可其租赁经营。这样，联合利华取得了"中华牙膏"品牌的经营权，条件是须向上海牙膏厂缴纳一定的品牌使用费——中华牙膏销售额的2%左右。双方约定，以10年为单位，在商标的续展期内，期末销量必须大于期初销量，否则中方有权收回商标使用权。1954年投产的中国牙膏工业的创始品牌、之前一直稳居中国牙膏市场第一位的中华牙膏，自此走上了外资经营之路。[①]

素有"民族品牌杀手"之称的联合利华集团是全球第二大消费用品制造商，由荷兰Margrine Unie人造奶油公司和英国Lever Brothers香皂公司于1929年合并而成。在经营中华牙膏之前，其市场上拥有"洁诺""皓清"等几个自有牙膏品牌。合资之初，联合利华承诺在洁诺和中华两个牙膏品牌上的投入是4:6，后来并没有遵守这一承诺，而是主打自有品牌洁诺，但洁诺的市场份额一直没有起色。

---

① 黄丽静：《传李嘉诚有意收购中华牙膏品牌 联合利华否认》，《时代周报》2010年11月4日；宿希强：《深度解析中国民族品牌并购迷局》，《中国质量万里行》2010年第12期。

双方对于"美加净"的合作不欢而散。在相当长的一段时间里，美加净牙膏一直是国内牙膏行业中的佼佼者，两次获得国家金质奖。而在提升质量的同时，美加净还推出了不少新的品种。其中有着各种水果口味的儿童牙膏，是许多80后使用过的第一支牙膏，更是时至今日都能依稀记得的童年回忆。联合利华在接手了中华和美加净之后，并没有如中方所预想的那样，去用心维护它们。令人意外的是，即使在这样的情况下，定位更为大众化的中华牙膏，还能继续保有很高的市场占有率。见到这样的局面，联合利华才改变了策略，开始用心培育这个本土品牌。但美加净就没那么幸运了，市场占有率一路下滑，到1999年时，产量已经不足合资前的一半。于是到了2000年，上海牙膏厂从联合利华手里收回了美加净的使用权。

2001年6月，在当时国资主管的干预下，双鹿股份与白猫集团下属子公司——上海牙膏厂进行整体资产置换，并更名为白猫股份，上海牙膏厂就此借壳上市。中华牙膏成为上海白猫集团股份有限公司旗下品牌，但品牌经营权租赁给联合利华公司使用。

然而，在改制为上市公司前，上海牙膏厂有限公司每年净利润都超过千万，借壳上市之后，2003年白猫股份主营业务收入与利润开始下滑，2005年开始亏损。公开资料显示，由于白猫股份近年来经营困难，已主要依靠商标许可收入支撑。将"中华牙膏"商标许可给联合利华，白猫股份在2006、2007、2008年度共分别收取商标许可费1673万元、2560万元、2607万元。但除了2006年，白猫股份将地块转让获款3000万才勉强做到账面盈利外，其余两年均亏损。2005年8月，持白猫股份44.48%股份的上海白猫集团公司将其持有的29.9%股份转让给新洲集团，而原为上海市国有独资企业的白猫集团在国资整合中多次更换东家后，现为李嘉诚旗下的和记黄埔集团所掌控，和记黄埔占股80%并拥有白猫品牌的所有权。

中华牙膏并非联合利华的"亲生儿子"。联合利华虽然拥有中华牙膏的经营权，却没有商标的拥有权。中华牙膏是白猫集团旗下最值钱的资产。目前，联合利华精心打造中华牙膏16年，近几年单是广告费每年就投入约亿元。

这家在全球依靠不断收购本地品牌进行扩张的跨国公司，还曾为中华牙膏诞生50周年在北京钓鱼台国宾馆举行庆典，联合利华中国区CEO柏亚伦表示，中华牙膏的业绩简直让他"太满意了"。2005年末，AC尼尔森在上海、广州等20多个城市的调查数据显示，中华牙膏以13%左右的市场份额成为该行业亚军；迄今为止，中华牙膏已经拥有了十多种产品，与合资前相比，产品种类大大丰富；"中华"的品牌形象更加年轻化、现代化，品牌资产也有了长足的积累。

联合利华起初的做法似乎符合了观察人士对它的批评：以收购的方式"软消灭"本地竞争品牌。起初它只把中华牙膏沉入农村市场，但在2001年时，联合利华突然意识到，中华牙膏仍是一个非常有价值和生命力的品牌。这种改变的发生，部分是因为在自有品牌"洁诺"的推广上遭遇了难堪的失败。

中华牙膏的包装被赋予新意，但仍保留主要的LOGO元素；同时，联合利华加大了中华牙膏新产品的研发力度。迄今为止，联合利华中国公司对中华牙膏的投入占其在牙膏行业总投入的95%以上。

除此之外，联合利华也加大了推广力度，甚至制造出一支可供四口之家使用150年的巨型中华牙膏，在中国部分城市巡展。或许这些"秀"的确达到了预期效果，在AC尼尔森2005年末的市场调查中，中华牙膏的加权分销指数在同行中最高，也就是说他们在全国城市和农村市场的铺货最全面和最深。

如果没有联合利华，中华牙膏也许难以保持今日的辉煌。"中华牙膏"于1954年投产，是中国牙膏工业的创始品牌、曾经一直稳居中国牙膏市场第一位。与永久自行车、上海手表同列三大上海老品牌。但如今，其他两个老品牌已经大不如从前，唯有中华牙膏坚持至今。中华牙膏目前仍能与佳洁士、高露洁一起位居牙膏行业前三位，这背后离不开联合利华的支持。

中华牙膏可以说是集万千宠爱于一身。联合利华"雪藏"了不少民族品牌，例如"美加净"等，但自2001年起开始投巨资建设中华牙膏品牌，把"中华"打造成唯一的牙膏品牌，让原有的牙膏品牌"洁诺"退出，将"皓清"转为"中华"的子品牌以来。每年在广告、营销等方面的投入为一个多亿，每年创收十几亿元。

联合利华每年还得支付不断水涨船高的"中华商标"使用费。年报披露，1999年，双方的一个"修改协议"把接下来5年的商标使用费规定为1500万元，从2001年4月起又调整为1348万元。此后几年，联合利华按2.5%产品净销售值的比例支付使用费。2008年为2607万元，2009年是2829万元。

虽然联合利华手握一份永久租赁"中华"商标的协议，只要中华牙膏每年的销量不低于1994年的数据，不管"中华"商标是谁的，联合利华都有权继续使用，不担心商标被收回，但是毕竟中华牙膏并非联合利华所拥有。有业内人士认为，一旦白猫集团易主，也不排除新东家通过加收租赁费等手段逼迫联合利华的可能。

中华牙膏可谓大难不死。但业内分析人士认为，联合利华的策略过于多变，耐心不够，浅尝辄止，将影响到这个"庶出"品牌的未来。如果改变策略，当年的洁诺恐怕也会有更好的市场表现。

第三节 熊猫洗衣粉被外资并购案例

对于中国消费者来说,印象最深的,当属宝洁收购本土日化品牌"熊猫"。北京日化二厂的洗衣粉"熊猫"品牌在20世纪90年代初就享有盛名,但和宝洁合资6年后,"熊猫"洗衣粉几乎告别市场,宝洁给国人留下了收购竞争对手然后消灭它们的印象。①

宝洁前CEO雷富礼接受采访时解释:"我恐怕不能告诉你这(收购)是不是我们的计划,因为我们本来是想给中国的本土品牌带来希望,告诉他们可以成为大品牌,但是我们显然做得太多了。我们野心太大了,想把事情一气呵成,我们为其亏损很多,所以当亏损到一定程度,我们必须进行整合兼并。"

1962年9月,北京市计划经济委员会筹建年产5000吨合成洗涤剂的化工厂,这一重大任务的承担者正是糠醛厂。3年后,北京第一座合成洗涤剂厂顺利竣工,"熊猫"洗衣粉由此诞生。20世纪90年代初,北京日化二厂的"熊猫"洗衣粉一枝独秀,享誉中国洗涤产品市场。洗衣粉行业流传着"南有白猫,北有熊猫"的说法,"熊猫"是当时市场占有率极高的洗涤品牌之一。在当时国内洗衣粉市场上,近10%的市场占有率使它一直稳居全国洗衣粉的三甲之列,是家喻户晓的民

---

① 李同欣、赵永平:《为救品牌 熊猫宝洁分手》,《市场报》,2000年9月20日;韩璐:《盘点被外资收购后消失的本土日化品牌:美加净熊猫小护士等》,《京华时报》,2013年8月19日;黄玫、张雷、何丰伦:《本土日化品牌:遭遇并购"雪藏"之后能否"复兴"》,新华网,2006年9月8日。

族品牌。

这一优势吸引了当年急欲打开中国市场的宝洁。1994年，"熊猫"的娘家——北京日化二厂与美国宝洁合资成立了北京熊猫宝洁洗涤用品有限公司。当时外方看好的是"熊猫"品牌的使用权，签订了租用"熊猫"品牌50年的协议。然而，合资后的宝洁着眼于高档洗衣粉市场，力推旗下的高档洗衣粉品牌"汰渍"和"碧浪"，以物美价廉见长的"熊猫"则被雪藏，产销量逐年递减，从合资时的年产6万吨降到2000年上半年的4000吨左右。同年，宝洁又收购了"熊猫"所有资产，并将合资公司更名为北京宝洁洗涤用品有限公司，然后只生产自己的"汰渍""碧浪"等产品，逐渐吞噬了"熊猫"的市场。

然而，高档洗衣粉市场并不好做。这一方面是由于联合利华、德国汉高等国际上的日化巨擘和宝洁同时到中国寻求合资，并不约而同地打出了高档洗衣粉这张牌，致使我国高档洗衣粉的市场竞争趋于白热化；另一方面则是因为高档洗衣粉的售价是普通洗衣粉的两倍，但两者在去污能力上的差别并不明显，对高档洗衣粉，中国消费者的认可度并不高。随着国内洗涤品市场竞争日趋激烈，与北京日化二厂合作的宝洁（中国）洗涤用品有限公司决定调整在中国的经营战略。在这种情况下，双方经过协商，决定提前终止合资合作，合资企业转为外商独资企业。为避免"熊猫"品牌从此消失，日化二厂决定不惜暂时的经济损失，坚决收回这一民族知名商标。2000年6月，双方达成一致，阔别6年的"熊猫"终于又回到了北京日化二厂。北京日化二厂重新开始生产、销售质优价廉的"熊猫"系列洗衣粉产品。"熊猫"回来了，但是遭受6年的冷落，"熊猫"已显得疲惫不堪。从6万吨的市场到不足1万吨的销量，的确是伤了元气，年销售额仅有1000万元。

日化属于一般竞争性行业，入行门槛比较低，进来得多，死得也多。

小护士、羽西、丝宝日化、大宝被兼并,都是其企业掌舵人遇到了行业瓶颈、无法自我突破后的金蝉脱壳。日用品外资企业的营销定位过于理想化,一些经营策略不适合中国市场的实情,使得许多合资企业好景不长。许多外商并不想把我们的民族品牌发扬光大,而只是在进入国内市场初期,借助我们民族品牌的销售渠道和形象来培育他们的品牌。

第四节 小 结

从以上案例分析,我们可以看到,跨国公司并不会在花大价钱收购了中国的品牌后而故意弃用,要视其公司品牌战略和具体的市场约束条件而定。有些民族品牌其实在外资的运营下得到了很好的发展,如中华牙膏、南孚电池等。至于市场最为担心的民族品牌被外资挟持走向没落的状况,确实有许多可以寻找得到的先例,但对这一结果的原因分析却是错误的——并不是因为外资收购了本地品牌导致本地品牌没落,而是因为目前国内处于亚健康状态的市场机制,无法通过健康的方式为本地品牌搜寻到好的经营者,一个长期在劣质经营者手中存活的品牌注定行之不远。事实上,这些企业真正应该呼吁的是公平的并购环境。比如,给予内外资、国企民企一视同仁的税收与贷款政策;比如,提供一个开放而透明的并购平台、一个完善的游戏规则,让并购的结果符合市场的合理性与法治的公平性。

毋庸置疑,外商投资是解释20年来中国经济增长奇迹的一个最重要的变量,吸引外商投资被认为是中国与发达国家缩小差距、实现追赶战略的最有效途径之一。于此时回看当初曾在合资时引发过巨大争议的中国企业，应有助于我们得出更理性的观察结果。尽管"南孚""熊猫""美加净"和"中华"等品牌的遭遇不尽相同，但把民族品牌的衰落都简单地归结为外资收购的结果，并不符合客观事实，像中国很多以前的民族品牌，就算没有外资的并购，由于自身的经营不善，也会走向衰落，如春兰空调、永久自行车等。

第八章
跨国公司在华并购的新变化

第一节　跨国公司在华并购交易量减少

近年来，特别是自 2011 年以后，跨国公司并购中国企业的交易量开始明显减少。据清科集团旗下私募通的统计数据，跨国公司在华的并购案例数在 2011 年达到顶峰后（为 66 个），2012 年下降为 42 个，降幅达 36%，2013 年进一步降为 39 个，2014 年则降为 34 个。从 2011 年到 2014 年，跨国公司在华的并购案例数差不多下降了一半左右（如图 8-1 所示）。在并购金额方面，也出现了下降趋势，2014 年前 11 个月，中国并购市场完成的外资并购披露金额的 30 起交易共涉及 45.45 亿美元，同比下降 61.8%。

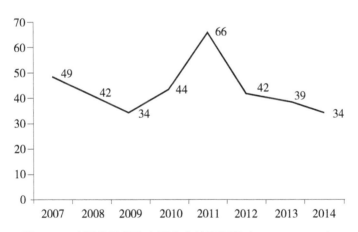

图 8-1　跨国公司并购中国企业的案例数（2007—2014）

（资料来源：中商情报网 http://www.askci.com/news/201401/08/0895418139597.shtml）

跨国公司并购中国企业的交易量减少在装备制造产业中的体现最为明显。从 1994 年到 2008 年，中国的装备制造产业龙头企业接连被跨国公司并购，很多并购案例引起了全国的轰动。1994年，新加坡威斯特电机公司与大连电机厂合资组建威斯特（大连）电机有限公司，外方占50%股份，之后，威斯特公司进一步并购大连电机厂持有的中方全部股份，合资企业转化为外资独资企业；1995年，德国博世公司与无锡威孚集团合资成立无锡欧亚柴油喷射有限公司，外方占52%股份，之后，威孚集团与博世公司在原有合资企业的基础上，进行资产重组，成立新的合资企业博世汽车柴油喷射系统有限公司，博世公司占67%的绝对控股地位，威孚集团持有33%股份；1997年，美国约翰迪尔公司与佳木斯联合收割机厂成立合资公司，佳木斯联合收割机厂的优质资产折合40%的股份并入合资企业，约翰·迪尔取得60%控股权，之后，中方转让持有的40%股份，外方实现独资；1998年，英国伯顿电机集团与大连第二电机厂合资组建大连伯顿电机有限公司，大连第二电机厂的优质资产注入合资企业占33%股份，外方取得67%的控股权，之后，外方收购中方持有的33%股份，实现独资；2001年，西北轴承与德国FAG集团公司合资组建宁夏西北富安捷铁路轴承有限公司，德方以现金和技术投入占51%股份，中方以原铁路轴承公司的设备、土地、厂房以及公司热处理分厂的精良设备和厂房投入占49%股份，之后，西轴将持有合资公司的49%股权出售给德方，合资公司变成了德方独资企业；2003年，瑞典的阿特拉斯公司并购沈阳凿岩机械公司部分资产，成立外商独资企业阿特拉斯·科普柯（沈阳）矿山建筑公司，中方其他优良资产与外方合资组建沈阳瑞风机械有限公司，外方占25%股份；2005年，美国卡特彼勒公司并购山东山工机械有限公司，收购了山工机械40%的股权，德国西门子公司则与辽宁锦西化工机械集团公司透平机械厂组建中外合资企业，中外双方分别占股30%和70%；2007年，凯雷投资集团购买徐工集团全资子公司——徐工集团工程机械有限公司45%股权，引起轰动，遭到同行业企业三一重工的反对和商务部的审查，最终未获政府批准。这些被跨国公司并购的企业，很多是中国装备制造产业的龙头企业，如大连电机厂是中国电机行业的骨干企业，西北轴承公司的铁路轴承产品占全国铁路轴承市场的25%，沈阳凿岩机械公司是中国凿岩机械和气动工具行业历史最久和规模最大的大型骨干企业，山东山工机械有限公司是国家大型一档企业和国家经贸委定点生产轮式装载机的重点骨干企业，徐工集团工程机械有限公司是中国最大的工程机械制造和出口企业。而2008年特别是2011年以后，外资并购国内装备制造业企业的情况则开始逐渐减少，反而出现了大量国内装备制造龙头企业进行海外并购的案例，比如，2008年，中联重科并购意大利CIFA；2010年，柳工亦斥资3.35亿元人民币收购波兰HSW工程机械业务单元项目；2012年，三一重工收购德国混凝土机械巨头普茨迈斯；2012年，徐工集团收购德国混凝土泵制造商施维英；2014年，中联重科收购荷兰Rartar35%股权；2016年，中联重科提出以每股30美元现金方式的非约束性报价收购美国工程机械巨头特雷克斯公司。

外国资本收购中国公司的交易量出现下降趋势的新变化，粗略来看，是受中国经济增速下降、短期经济形势不明朗因素的影响。毕竟，自2011年以后，中国经济增长率一下子进入了中低速增长的"新常态"，经济的下行压力使得外国投资者的信心消减。在改革开放以来的大部分时间里，作为经济增长最主要的衡量指标GDP，中国的增速都在10%以上。正是在强劲增速的支撑下，中国经济成为仅次于美国的世界第二大经济体。如图8-2所示，2000年以前，中国的GDP增长只有三次连续2~3年低于8%，第一次是1979—1981年，中国正处于改革开放的起步阶段；第二次是1989—1990年，中国正处于改革的最艰难时期,国际环境也不好;第三次是1998—1999年,亚洲金融危机发生,给亚洲各国经济带来极大负面影响。这三次的低增长都有极为困难的国内国际背景。而自2000年以后到2011年,中国经济的增长速度都保持在8%以上,最低增长的年份的增长率为8.3%(2001),最高增长的年份的增长率则达到14.16%(2007)。到了2012年,中国经济的增长率却一下子由2011年的9.3%下降为7.65%,降幅达到17.7%,接下来的2013年、2014年,经济增速都在7%至8%之间徘徊。根据人大报告的预计,2015年中国全年GDP的实际增速将为6.9%,这更是创下了20多年来的新低(1990年中国GDP增长率为3.84%,自此以后,一直保持在7%以上的增速,绝大部分年份其实是保持在8%以上,大部分是保持在9%以上)。低速的经济增长无疑对外资并购产生了负面影响,因为外资在华并购其实是看中了中国巨大的市场空间和消费需求潜力,一旦中国经济出现问题,这些市场潜力带来的收入和利润就会大幅消减。

图8-2 中国实际GDP增长率(1980—2015)

(注:数据资料来源于中国统计年鉴,2015年数据是人大报告的预计数。由于年份过多,横轴只显示双数的年份,单数年份省略)

中国经济增长速度放缓是跨国公司在华并购交易量减少的一个因素,但并不是最关键的因素,因为经济增长放缓的并不只是中国,全球的经济增长都在放缓，相对而言，中国经济在全球各国中还是属于高增长的。对于跨国公司来说，中国仍是一个并购进入的理想市场，这里的市场空间广阔，相对增长速度较高。实际上，导致跨国公司在华并购交易量减少，还有两个更为关键的因素，一是中国政府对外资并购的监管制度越来越严格，二是中国国内企业的竞争力在不断增强，正由被并购方变为并购方，与此相伴随的是，外资并购减少与海外并购大规模增长。这两个因素将在本章接下来的两节中进行深入分析。

第二节 政府对外资并购的监管审查趋严

基于产业安全和国家安全的考虑，中国政府对外资并购本土企业，一直就有监管审查，但在2011年以前一直处于完善阶段。2003年，国家对外贸易经济合作部、国家税务总局、国家工商行政管理总局、中华人民共和国国家外汇管理局联合发布《外国投资者并购境内企业暂行规定》（即3号令），首次谈及涉及国家经济安全的外资并购的处理方式。其中的第19条、第20条提到，在外资并购涉及国家经济安全时，外经贸部或国家工商行政管理总局可以要求外国投资者做出报告，并召集举行听证会，决定批准或不批准。2006年9月8日，商务部发布《关于外国投资者并购境内企业的规定》（即著名的10号文），对外国投资者并购境内企业构成反垄断审查的情形做出了具体规定。2007年8月30日，全国人大常委会表决通过《中华人民共和国反垄断法》，该法律明确提出对涉及国家安全的外资并购进行两种审查。

2007年12月1日,国家发改委和商务部联合颁布《外商投资产业指导目录》,进一步规范外资并购。2009年6月22日,国家商务部6号文对《关于外国投资者并购境内企业的规定》进行修改,首次实现了与《反垄断法》(2008年8月1日生效)的对接。删除了原文中的第五章"反垄断审查",在"附则"中新增一条作为第五十一条,表述为:"依据《反垄断法》的规定,外国投资者并购境内企业达到《国务院关于经营者集中申报标准的规定》规定的申报标准的,应当事先向商务部申报,未申报不得实施交易。"2010年4月,国务院发布《关于进一步做好利用外资工作的若干意见》(即国务院9号文),提到要"依法实施反垄断审查,并加快建立外资并购安全审查制度"。2011年3月4日,商务部就外国投资者并购境内企业安全审查制度的有关事项颁发了商务部公告2011年第8号文《商务部实施外国投资者并购境内企业安全审查制度有关事项的暂行规定》。2011年8月26日,根据《国务院办公厅关于建立外国投资者并购境内企业安全审查制度的通知》(国办发〔2011〕6号),在广泛征求公众意见的基础上,商务部对《商务部实施外国投资者并购境内企业安全审查制度有关事项的暂行规定》(商务部公告2011年第8号)进行完善,正式颁布《商务部实施外国投资者并购境内企业安全审查制度的规定》(下简称《规定》)。

可以说,2011年以后,中国政府对外资并购的安全审查机制在制度层面进一步明确,跨国公司并购中国企业的监管审查越来越趋于严格。值得注意的是,此《规定》首次提出"从交易的实质内容和实际影响"来判断并购交易是否属于并购安全审查的范围。《规定》具体指出,外国投资者不得以任何方式实质规避并购安全审查,包括但不限于代持、信托、多层次再投资、租赁、贷款、协议控制、境外交易等方式。《规定》表示，凡属于安全审查范围的企业，外国投资者应向商务部提出并购安全审查申请，由商务部在15个工作日内书面告知申请人，并在其后5个工作日内提请联席会议进行审查。在向商务部提出并购安全审查正式申请前，申请人可就其并购境内企业的程序性问题向商务部提出商谈申请，提前沟通有关情况。并购安全审查的范围包括：外国投资者并购境内军工及军工配套企业，重点、敏感军事设施周边企业，以及关系国防安全的其他单位；外国投资者并购境内关系国家安全的重要农产品、重要能源和资源、重要基础设施、重要运输服务、关键技术、重大装备制造等企业，且实际控制权可能被外国投资者取得。

据盛德国际律师事务所（Sidley Austin）合伙人陈永坚（Joseph Chan）的说法，在中国完成一笔交易的难度比在美国和其他地方完成类似交易的难度要大，在监管审批方面也需要付出更大的精力。在某些领域，外资企业实施并购的难度还会更大一些。互联网、媒体、电信和金融服务业的外资并购交易都要接受更严格的审查。一桩并购交易要通过中国的反垄断审查一般需要两到三个月的时间，有时甚至更久。在这之后，海外买家还必须根据交易规模的大小向地方或中央主管部门提交审批申请。例如，雀巢公司（Nestle SA）2011年收购银鹭食品集团（Yinlu Foods Group）的交易就是在消息公布7个月之后才宣告完成的。相比之下，双汇国际控股有限公司（Shuanghui International Holdings Ltd）以47亿美元收购美国公司Smithfield Foods Inc的交易只用了4个月就通过了美国监管部门的审批。这也是有史以来中国公司收购美国公司金额最大的一笔交易。①

---

① 资料来源：《监管趋严 外资在华并购胃口变小》，《华尔街日报》2014年1月9日。

另外，中国在2008年开始实施的《中华人民共和国反垄断法》，自2011年以来也越来越被严格执行，这对外资并购构成了负面影响。其中最为典型的案例是2014年对美国高通公司进行的反垄断调查，这是继2013年对全球液晶面板生产巨头——三星、LG等企业进行反垄断调查后，国家发改委对国际大牌企业发起的又一次反垄断调查。对跨国公司来说，接二连三的反垄断调查，大大增加了它们在华并购的交易成本，直接影响了它们的并购决策，而高通公司的反垄断调查更是起到了一个巨大的示范效应。2013年11月，国家发改委根据举报启动了对高通公司的反垄断调查。在调查过程中，国家发改委对数十家国内外手机生产企业和基带芯片制造企业进行调查，获取高通公司实施价格垄断等行为的相关证据，认为高通公司相关行为触犯了《反垄断法》禁止的滥用市场支配地位行为。国家发改委的报告指出，高通公司在CDMA、WCDMA、LTE无线通信标准必要专利许可市场和基带芯片市场具有市场支配地位，实施了收取不公平的高价专利许可费、没有正当理由搭售非无线通信标准必要专利许可和在基带芯片销售中附加不合理条件的滥用市场支配地位的行为。由于高通公司滥用市场支配地位实施垄断行为的性质严重、程度深、持续时间长，国家发改委在责令高通公司停止违法行为的同时，依法对高通公司处以2013年度在中国市场销售额8%的罚款。高通公司将支付9.75亿美元，大约合60.88亿元人民币的罚金，并为其手机芯片设定专利授权费用。对高通公司的反垄断调查，表面来看好像是中国政府对产业自由竞争的维护，但实际上它对外资在华并购投资起到了负面的示范作用，增加了外商投资政策不确定性，导致外资并购交易量减少。

第三节　国内企业竞争力增强，由被外资并购转变为海外并购

改革开放以来，中国的制度安排实现了由激励养懒人向激励创造财富转变，在自然资源、国土面积都没有发生改变的情况下，激发了人们巨大的生产积极性，由此出现了30多年来的高速经济增长。客观来说，中国已经成了世界上劳动合约最自由、人力资源产权保护最好的国家之一。在这里，劳动者可以与企业雇主商定不同的工作时间，如加班几小时、几天制的轮休等（由于按件提成，快递员通常工作到晚上10点）；自由商定薪酬，可以按件计工资或按时计工资，也没有最低工资法的限制（中国的最低工资标准一直比市场低，不起作用）；自由择业，员工可以随时炒掉老板，老板也可以容易地辞退员工（2008年以前是这样，新劳动合同法实施后增加了这方面的交易成本）。而在很多有强大工会组织的发达国家，这些都是不可能的，员工都统一规定一天工作八个小时（英国商店是规定下午5点就关门），按件工资不合法，有严格的最低工资法，老板很难辞退不合格的员工。这样，相对来说，中国的经济制度使国内企业从事生产的交易成本通常要远比在发达国家的跨国公司要低，再加上中国人又是最聪明的人种，因此，经过短短二三十年的发展，除了部分需要长期积累的高端技术产业，在很多中低端产业当中中国企业都已经迎头赶上，在世界都具有竞争力，由原先的被外资并购，转身变为到海外并购。

近年来，中国企业进行海外并购的案例每年都在递增，并购规模

也在逐步扩大。如图8-3所示,自2007年以来,中国企业海外并购的案例数出现了井喷式的增长,由2007年的35个,逐年增加到2013年的99个,增长了183%。与此相对应,海外并购的金额也实现了快速增长,由2007年的12670百万美元,增加到2013年的38495.12百万美元,增长了204%。

图8-3 中国企业海外并购趋势(2007—2013)

(资料来源:中商情报网 http://www.askci.com/news/201401/08/0895232139596.shtml)

可以说,随着中国企业的国际竞争力增强,为了获取能源、技术、品牌和市场,在各级政府的鼓励和支持下,中国企业的海外并购正在如火如荼地进行,甚至在全球并购市场低迷中逆势上扬。其中,中国能源资源类企业的海外投资活动引起了非常广泛的国际关注。三大石油公司频繁出现在国际石油市场并购项目的大名单中,参与并购的资金数量也逐年放大。无论是出于满足国内能源需求和维护能源安全的角度,还是从获取国际市场商业利益的角度,有越来越多的中国企业正在进行资源寻求型海外直接投资。例如,中海油成功收购加拿大尼克森石油公司,收购总额超过151亿美元,创下当时中国企业海外收购最高出资额;五矿集团公司所属五矿资源有限公司收购在加拿大、澳大利亚两地上市的 Anvil 矿业公司；中石化以 24.4 亿美元完成对戴文能源（Devon Energy Corporation，简称 DVN）在美国部分页岩资产的收购；中石化支付约 188 亿人民币（31 亿美元）现金，收购阿帕奇集团的埃及油气业务 33% 的权益；中石油以 50 亿美元向哈萨克斯坦 Kaz Munai Gaz 收购其 Kashagan 油田的 8.33% 股权；洛阳钼业通全资子公司与力拓集团全资子公司 North Mining Limited 签署《资产出售及购买协议》，以约 49.9 亿人民币（8.2 亿美元）收购后者拥有的北帕克斯地下铜金矿 80% 权益及相关资产；国家电网与新加坡电力公司（Singapore Power International）签署协议，出资约 364.8 亿人民币（60 亿美元）收购新加坡电力公司子公司澳大利亚 Jemena 公司 60% 股权和澳大利亚新能源澳洲网络 19.1% 的股份。

同时，作为"世界生产车间"的制造业大国，中国制造企业"走出去"海外并购的案例也非常多，且规模越来越大。大量的国内制造企业到国际市场并购的最主要目的，是为了获取包括技术、品牌、服务及市场在内的全面升级的产业链的高端，最终实现企业价值链的延伸。海尔、联想、三一重工、万向、中联重科等无疑都是其中的佼佼者，而其他大量的中国制造企业则紧随其后。例如，海尔收购日本三洋电机的家电业务，三洋电机将所持有的设计与开发家用电冰箱的"海尔三洋电器株式会社"股份转让给海尔，将在东南亚生产、销售家用电冰箱和洗衣机等家电业务的"三洋 HAAsean 有限公司（越南）""三洋印度尼西亚有限公司""三洋印度尼西亚销售有限公司""三洋菲律宾公司"以及"三洋销售及售后服务有限公司（马来西亚）"转让给海尔；海尔集团以 7.01 亿美元（约 45 亿元人民币）全部收购新西兰家电巨头斐雪派克 Fisher & Paykel 股份；三一重工以 3.24 亿欧元（约 4.2 亿美元）收购德国普茨迈斯特（Putzmeister）全部股权；中联重科联合弘毅投资、高盛和曼达林三家私募基金，以2.71亿欧元收购意大利混凝土机械企业CIFA的100%股权；万向集团以2.566亿美元收购美国规模最大、技术最先进的锂电池制造商——A123系统公司除军工合同以外的所有资产；联想以6.5亿美元现金及价值6亿美元股票拿下了IBM包括Think品牌在内的PC业务，IBM持有18.5%的联想股份，而联想控股将在公司中占有45%左右的股份；联想集团以29.10亿美元收购摩托罗拉移动100%股权；山东重工潍柴集团以3.74亿欧元获得全球豪华游艇巨头意大利法拉帝集团75%的控股权。

另外，中国企业在其他领域的海外并购也越来越活跃。例如，大连万达集团也以蛇吞象的气势，出资26亿美元收购美国第二大院线集团AMC娱乐控股公司100%的股权，成为中国最大的海外文化领域并购交易；中粮集团与荷兰的全球农产品及大宗商品贸易集团Nidera签署协议，收购Nidera51%的股权；光明集团旗下子公司上海益民食品一厂有限公司在意大利米兰与Salov集团完成股权交割，成功收购意大利知名橄榄油企业Salov集团90%股权；绿地集团收购位于伦敦Wandsworth镇、总投资规模为6亿英镑的Ram啤酒厂开发项目，是中国企业第一次在英国投资的非商业地产项目；弘毅注资美国好莱坞STX电影工作室，成为中国在好莱坞投资的第一人，同年，弘毅又投资了美国云服务平台公司Deem。

第九章 政策建议

为了更进一步促进外资并购的健康发展，也为了防范外资并购将来可能对我国产业安全产生的威胁，本章从以下几方面提出政策建议。

第一节 完善外资并购法律法规，引导和规范跨国公司并购国内企业行为

吸引跨国并购投资，既能有效解决我国多年以来存在的生产能力过剩和外商不断建设新企业的矛盾，又能推动国内企业的改造、重组，符合我国的现实国情，是我国国民经济和社会发展的必然选择。因此，近年来国家相继出台了《关于向外商转让上市公司国有股和法人股有关问题的通知》《利用外资改组国有企业暂行规定》《关于外国投资者并购境内企业的规定》等一系列鼓励和引导外商采用国际通行的跨国并购方式参与国内企业改造、重组的政策措施。

要完善法律法规和政策，形成稳定、透明的管理体制和公平、可预见的政策环境，在保护国内自主品牌的基础上，引导和规范外商参与国内企业改组改造，引导国内企业同跨国公司开展多种形式的合作，发挥外资的技术溢出效应。那么，怎样才能实现这一战略目标呢？笔者认为，在我国外资并购法律法规尚不完善的情况下，当务之急是完善外资并购法律法规，尤其是反垄断法，引导和规范跨国公司并购国内企业行为。

反垄断法作为跨国公司进入我国市场的重要门槛，是克服跨国并购负面效应，引导跨国并购健康发展的最重要制度安排，是我国外资并购法律法规的核心。2007年8月30日，我国出台《中华人民共和

国反垄断法》(下简称《反垄断法》)。新出台的《反垄断法》虽然结束了我国长期以来的制度缺位,具有重要的理论意义和现实意义,但它在规范外资并购方面还存在诸多障碍,主要体现在以下三个方面:

一是《反垄断法》虽然对内外资企业的垄断行为统一适用,即没有专门针对外资并购的条款,但是《反垄断法》第三十一条规定"对外资并购境内企业或者以其他方式参与经营者集中,涉及国家安全的,除依照本法规定进行经营者集中审查外,还应当按照国家有关规定进行国家安全审查"。由于没有明确国家安全的具体领域,缺乏经营者集中审查和国家安全审查的程序,现实可操作性较差,很容易将国家安全的定义扩大化、广泛化,导致国内企业滥用《反垄断法》,从而造成内、外资并购事实上的不平等,违背世界贸易组织对一国经济运行由过去的国内、国外两套规则并为一套规则,在政策、管理、机制、体制上实现高度统一的要求,最终引起跨国公司在华的并购投资减少。

二是《反垄断法》首次涉及行政垄断的内容,对于我国这样一个被国有垄断企业主导的国家来说,是一个巨大的进步,但《反垄断法》未对行政垄断做详细的规定,而且第七条"国有经济占控制地位的关系国民经济命脉和国家安全的行业以及依法实行专营专卖的行业,国家对其经营者的合法经营活动予以保护",承认专营专卖的合法性。《反垄断法》对行政垄断有限的制止,电信、航空、铁路、能源等部门的市场准入壁垒仍然存在,从而使外资企业无法与国有企业在同等条件下公平竞争。

三是《反垄断法》第五十五条规定"经营者依照有关知识产权的法律、行政法规规定行使知识产权的行为,不适用本法;但是,经营者滥用知识产权,排除、限制竞争的行为,适用本法",没有对滥用知识产权的定义和惩处进行规定,留待解释的空间较大,可操作性不强。

针对上述《反垄断法》的不足,可以采取以下措施:

第一,在《外商投资产业指导目录》的基础上,对外资并购涉及国家安全的领域进行定义和细化,同时建立切实可行的经营者集中审查和国家安全审查程序。一方面,避免类似三一重工反对凯雷并购徐工、国内同行业企业联盟反对SEB收购苏泊尔等国内企业滥用《反垄断法》的行为;另一方面,通过双重审查,严格限制或禁止涉及国家安全的外资并购,引导和规范跨国公司并购国内企业行为,切实保障国民经济要害部门的安全。

第二,由于社会利益日益分化,包括地方政府、国有企业在内的各种经济主体滥用行政垄断地位的可能性在增大,对于行政垄断的防范也日益急迫。但解决我国长期固有的行政垄断问题,不是一蹴而就的事情,应该在现有反垄断法的基础上,明确行政垄断的范围,逐步限制和取消各类行政垄断行为,从而确保内外资企业享有真正平等的市场主体地位。

第三,在我国现有知识产权法的基础上,完善《反垄断法》关于滥用知识产权及其惩处的相关规定,并对内外资企业滥用知识产权的行为进行惩治,一方面为跨国公司并购我国企业创造良好的知识产权环境,另一方面引导和规范跨国公司并购国内企业的行为。

第二节 积极引进战略投资者,提升我国企业核心竞争力

企业是国民经济的基础,企业的兴衰成败关系着整个国民经济的生存与发展,而企业成功的关键在于是否具有核心竞争力。所以,

从这个意义上说，企业的核心竞争力是保障经济安全的微观基础。企业核心竞争力是指借助一系列互补技能和知识组合在企业生产经营过程中形成的独特的不易被竞争对手所模仿的能力。企业具有核心竞争力就能降低成本，提高产品质量，改进服务效率，向顾客提供高于竞争对手的不可替代的产品、服务和文化，同时，为企业自身创造超额利润，使企业在长期的竞争中具有明显优势。因此，在开放经济条件下，只有形成了具有核心竞争力的企业，才能带动整个产业持续、稳定、健康发展，从而确保我国在国际经济交往和竞争中的经济安全。

提升企业核心竞争力的传统途径主要有四种，一是依靠企业自身力量实现资本积累、制度创新、资源整合、技术进步、核心产品开发、组织与管理能力提高、企业文化塑造等途径。二是通过购买专利、技术秘密获得关键技术，大幅度降低企业研究与开发成本，提升企业核心竞争力。三是通过收购兼并具有核心竞争力或具有独特资源的企业。四是通过与其他企业建立以开发新技术、控制新的国际标准、维持市场实力为目标的知识联盟和以共享资源和市场、降低成本、分担风险为目标的产品联盟。这四种传统提升途径都存在一定的缺陷，企业内部积累所需时间长、研发投入高、风险大；购买关键技术和并购企业则所需资金多，而企业支付能力有限；战略联盟结构松散，有效控制联盟的难度大。这些缺陷的存在表明提升企业核心竞争力不能只依靠传统的方式，还需要另辟蹊径。从国内外的成功经验看，引进战略投资者是有效提升企业核心竞争力的新途径。

战略投资者，一般认为是那些谋求战略发展利益，愿意长期持有某一企业较大股份，并积极参与企业公司治理的法人投资者。他们通常都是不仅具有资金、人才和技术优势，而且在改善公司治理结构，包括对新技术、新专利的研发方面具有丰富管理经验的实业投资者。引进战略投资者不仅可以消除产业界对跨国公司独资化的种种担忧，而且它作为我国引资战略的一部分，还可以提升我国企业的核心竞争力。引进战略投资者对于提升我国企业核心竞争力的影响主要体现在三个方面。

第一，引进战略投资者能提升我国企业制度创新能力。通过引进战略投资者，可以实现企业投资主体多元化和股权分散化，形成适应市场要求的委托代理机制和完善的激励约束机制。战略投资者的代理人进入董事会和担任企业的高级管理人员将完善企业内部治理结构，为企业建立管理科学、决策民主的运行和发展规则，提升企业制度创新提供可能。

第二，引进战略投资者可以提升企业资源获取能力。通过引进战略投资者，我国企业可以利用战略投资者的全球采购系统，获得稳定的高质量的原材料；利用战略投资者的全球销售网络，提高企业在国际市场上的营销能力和市场份额，降低物流成本；利用战略投资者的品牌与信誉，提高顾客的忠诚度，从而提升我国企业的关键资源获取能力，在激烈的市场竞争中立于不败之地。

第三，引进战略投资者有助于提升我国企业的技术引进、消化、吸收能力。战略投资者被引进后，他们作为股东能分享企业成长所带来的收益，当其拥有的关键技术能促进生产成本下降、提高产品质量、实现收益的高速增长时，追求自身收益最大化的战略投资者必然会乐意提供关键技术，并与我国企业在技术领域进行合作，提供工程技能和生产现场作业技能的支持,把关键技术转化为符合顾客要求的产品，最终实现我国企业技术引进、消化、吸收能力的提升。

那么，如何做到引进战略投资者，提升企业核心竞争力呢？笔者认为需要做好以下几方面的工作。

第一，审时度势，把握机遇，把引进战略投资者作为招商引资的重中之重。大批引进战略投资者，将有力地提升我国招商引资的层次和水平，提高规模效益，促进结构调整和企业经营机制的转变。以现有战略投资者的项目为依托，引进上下游关联企业，拉长战略投资者在我国的产业链，扩大其产业规模，降低生产成本。

第二，加大政府对引进战略投资者的支持力度和协调力度，为战略投资者的引进创造良好的条件。鼓励我国企业与国内外顶级投资银行合作，采用国际标准进行股份制改造和财务重组，完善法人治理结构，强化企业内部的激励约束机制。采取资产债务剥离、资本金补充等特殊政策，处置不良资产，调整安置人员，支持国有企业股份制改造和财务重组的顺利实施。规范政府的行政行为，提高行政效率，为战略投资者提供全程全方位的优质服务，特别是要确保行政审批的高效廉洁，兑现承诺的优惠政策，创造公平竞争的经营环境。

第三，精心筛选招商引资项目，培育具有吸引力的项目载体。以企业为主体，培育一批对战略投资者有吸引力的优势项目，使之既符合国家的产业政策，又具有科技含量高、附加值高、产业链长、带动作用强的特点。

第四，建立潜在战略投资者信息档案库。企业要以本行业具有绝对领先地位的境内外企业为潜在战略投资者，对世界500强、国内100强进行分析和研究，及时了解其战略布局调整和投资意向，通过多种方式与潜在战略投资者建立广泛联系，以便优选战略合作伙伴引进有实力的战略投资者，提升企业的核心竞争力。

第三节　推动跨国并购健康发展，获取来自竞争的繁荣

推动跨国并购健康发展，可以使我们获取来自竞争的繁荣，提高我国的开放型经济水平。

第一，跨国并购加快民营企业进入门槛的降低，增加市场竞争主体。由于历史的原因，国有企业长期居于垄断地位，民营企业则在夹缝中生存。改革开放后，这种状况虽然有所改观，但许多行业的竞争仍不充分，非公有制企业在市场准入方面存在诸多禁区，特别是在基础设施、新型服务业、大型制造业等领域存在着不同程度的限进情况。随着我国对外开放水平的不断提高，国有企业受保护状态发生改变，来自国外的竞争使之陷入经营困境。因此，急需引入一种新的激励约束机制来改变其内部治理结构。在这种状况下，引进国际通行的跨国并购方式成为打破这一僵局的必然选择。国家相继出台一系列支持外资并购活动的法律法规，放宽对外资进入的限制。不同国家、不同地区的跨国公司竞相以并购方式进入我国市场，尤其是过去一些进入壁垒较高的行业，获得了较高收益。民营企业由于受到市场进入门槛的限制，无法参与市场竞争，因此，纷纷要求享受与外资等同的市场进入待遇。对此，政府颁布了《关于促进和引导民间投资的若干规定》和《鼓励非公经济发展的若干意见》等法规。规定在外资准入的行业和领域，允许国内非公有资本进入，并放宽股权比例等方面的限制。在投资核准、融资服务、财税政策、土地使用、对外贸易和经济技术合作等方面,非公有制企业与其他所有制企业一视同仁,实行同等待遇。

这些政策措施大大降低了民营企业进入门槛,为民营企业的发展创造了公平竞争的机会。多国来源的跨国公司和民营企业的进入,增加了市场竞争主体,改变了国有企业一统天下的局面,促进了良性竞争机制的形成。以我国小汽车行业为例,改革开放后,为了迅速提高汽车的生产能力和技术水平,我国汽车产业开始走上与国外汽车企业合作、引进消化吸收外国先进技术的发展道路。从1983年美国汽车公司与北汽集团组建第一家汽车合资公司起,通用、福特、本田、大众、日产、丰田、戴姆勒·克莱斯勒等跨国汽车巨头纷纷通过合资的并购方式进入我国汽车市场。跨国公司大量地进入,使政府逐渐放弃了过去严格限制民营资本的"三大三小"政策,奇瑞、吉利等一批民营企业得以进入这一资金、技术和人才高度密集的行业,从而形成内、外资企业充分竞争的格局。

第二,跨国并购加剧市场竞争,促进国内企业核心竞争力提升。多国来源的跨国公司以并购方式进入我国市场,迅速扩张市场份额,加剧市场竞争激烈程度,从多方面提升了国内企业的核心竞争力。首先,跨国公司的进入帮助被并购企业改革过去不规范的产权制度和企业管理制度,理顺产权关系,建立起产权清晰、权责明确、管理科学的现代企业制度。这为国内未被并购企业提供良好示范,使之逐步实现投资主体多元化和股权分散化,形成适应市场要求的委托代理机制和完善的激励约束机制,从而提升国内企业的制度创新能力。其次,跨国公司并购我国企业后,为了应对激烈的市场竞争,在全球范围内整合资源,实施本土化采购,这为国内企业利用自身核心能力和关键资源增强竞争力带来了机遇。国内企业通过原始设备制造、自行设计制造、用自己品牌的制造融入跨国公司全球生产体系,成为跨国公司全球产业链条上的某一环节,参与国际分工,提升国内企业的生产制造能力。

再次，国内企业在与跨国公司的合作中，引进跨国公司的关键技术和国际先进水平的工艺平台，引进国际化人才，学习跨国公司的先进技术和管理知识，并通过不断地模仿、消化、吸收、改进，逐步掌握核心技术，并在集成国内优势资源的基础上，开发自主品牌，提升独立的技术开发能力和科研成果转化能力。最后，国内企业利用跨国公司的全球销售网络，尽快熟悉国际市场，降低物流成本，提高其在国际市场上的营销能力和市场份额，并在跨国公司的良好示范下，根据产品市场前景、顾客购买行为和市场竞争强度，制定新产品的市场开发战略，不断提高企业的市场营销能力。

小汽车行业的发展证实了这点，跨国汽车巨头进入我国后，纷纷剥离原有的零部件业务，进行本土化采购，国内企业在为跨国公司代工的过程中，模仿跨国公司产品，消化跨国公司的先进技术，形成生产制造能力，建立完善的零部件供应体系。同时，奇瑞、吉利等国内小汽车生产企业在跨国公司的带动下，调整内部治理结构，完善企业制度，并针对国内市场特点，将消化吸收的技术诀窍应用到自主车型中，在中、低档汽车领域进行了多项技术开发，形成了一批具有自主知识产权的技术。在此基础上，逐步完善配套体系，建立分销网络，进军国际市场，提升了核心竞争力。

第三，跨国并购推动技术进步和产业结构升级，获取来自竞争的繁荣。随着国内企业核心竞争力提升，跨国公司面临的市场竞争日益激烈，具有多国来源的跨国公司纷纷加快了对被并购企业的技术转让步伐和研发的本土化进程，不断掌握新技术，开发新产品。与此同时，具有核心竞争力的国内企业也不断寻求新的经济增长点，通过技术引进与自主创新，开发新产品，逐步实现从生产低技术含量、低附加值的产品向高技术含量、高附加值的产品过渡。跨国公司和国内企业价值链高级化的过程使新技术扩散和转移开来，更多的国内企业从中受益，从而使国内企业的整体技术水平得到提升，共同推动我国的技术进步。广泛的技术进步引起传统产业的更替、改造，高新技术产业的发展，进而推动产业结构升级。跨国汽车巨头进入我国后，它们之间的竞争非常激烈。跨国公司纷纷引入最新技术与工艺，不断加快产品升级换代的速度，技术外溢效应明显。同时，以奇瑞、吉利为代表的自主品牌企业积极利用国际和国内两种资源，逐步走出低端，向中高端发展。例如，奇瑞一方面通过与戴姆勒·克莱斯勒的战略合作引进和消化国外先进技术，另一方面和国内自主品牌比亚迪共同建立合资公司，加大自主创新力度，实现国内资源的优势互补，推出奇瑞V5等多款概念车，实现了向中高端产品发展的跨越。在跨国汽车巨头和以奇瑞、吉利为代表的国内先行者的带动下，国内汽车企业蓬勃发展，经济效益大幅提升，自主品牌强劲增长，一改昔日奇瑞、吉利单打独斗的局面，涌现出一汽奔腾、上汽荣威、华晨骏捷、比亚迪跑车F8等一系列中高端自主品牌，大大提高了小汽车产业的发展水平。跨国并购健康发展，推动小汽车产业的技术进步和优化升级，使得我国汽车产业获取了来自竞争的繁荣。

第四节 加强自主品牌建设，增强企业的可持续发展能力

创立和发展自主品牌，是企业保持旺盛生命力的有效手段，也是促进国家可持续发展的重要保障。早在1992年，邓小平同志在南方讲话时就指出："我们应该有自己的拳头产品，创造出我们中国自己的

品牌，否则就要受人欺负。"近年来，跨国公司纷纷进入我国，在其品牌战略推动下，我国部分原有品牌被吞并或消失。例如，老品牌乐凯胶卷、扬子冰箱、活力28、永久自行车等。如果这种状况长期持续下去，将给我国的产业安全带来风险。因此，我国应加强自主品牌建设，积极推进品牌战略，加快培养具有国际竞争力的本土企业。

建设自主品牌，推进品牌战略，是一个系统工程，需要政府、企业和社会的共同重视、广泛参与。从政府层面来看，政府必须在政策法规、科研投入、智力支持、市场调节等宏观层面上，为企业的自主品牌建设创造良好环境，提供有利条件。在政策法规方面，政府应建立健全品牌保护制度，规范市场经济秩序，严厉打击假冒伪劣产品，保护知识产权，为自主品牌的发展创造良好的制度环境，同时充分运用各种经济、法律等手段，在税收、信贷等方面对自主开发品牌的企业给予扶持和优惠。在科研投入方面，政府应增加科研经费投入，通过组织企业集体攻关和对关键环节的投入，加快民族工业的经验积累和开发制造能力的提高，同时大力发展资本市场，积极推进风险投资，减少企业开发风险。在智力支持方面，政府应加强科技人才和管理人才的培养，鼓励人才向自主开发企业流动，从制度上保证他们的切身利益，并对自主开发成果予以重奖。同时，政府还应动员各种社会力量共同推进我国的自主品牌战略，积极借鉴日、韩等国的品牌发展经验，把政府导向、企业创新和商会协调有机结合起来，为中国自主品牌的培育与进军世界创造条件。

从企业层面来看，企业应充分认识到创建品牌对自身发展的重要作用，抓住一切有利条件，选准目标市场，明确品牌定位。在此基础上，制订切合实际的品牌发展规划，使品牌培育、发展和管理与企业整体战略相统一。企业尤其应花大力气搞自主研发，努力培育企业的核心竞争力，以技术创新为支撑，不断提高产品的技术含量，并不断开发新产品，增强企业的可持续发展能力。当前，我国品牌发展落后的一个根本原因在于产品质量不高且发展不稳定，企业必须克服这个不足，严把产品质量关，并不断改善产品的服务，提升品牌价值。同时，企业还应根据不同目标市场的特点采取多样化的经营方式，注重营销整合，为品牌持续成长提供保障。近年来，我国许多著名品牌的商标，如同仁堂、少林功夫、阿诗玛等屡遭被抢注的厄运，给我国经济发展带来重大损失。因此，企业在积极创立和发展自主品牌的同时，还应树立知识产权观念，增强品牌保护意识。

从社会层面来看，应积极关注民族品牌的成长，增强对民族品牌的认同感和信任度，并积极购买我国企业的自主开发品牌。如果我国13亿人口能够共同保护和扶持民族品牌，这种合力将为企业提供一个巨大的品牌竞技场，足够支撑国内知名品牌成长为具有国际竞争力的民族自主品牌。

第五节 培养中小型企业自主创新能力，从根本上增强国家竞争力

自主创新能力是国家竞争力的核心，是维护我国产业安全的根本途径。一个国家只有拥有强大的自主创新能力，才能在激烈的国际竞争中立于不败之地，维护产业安全，也才能把握先机、赢得胜利。因此，我国应不断增强企业的自主创新能力以维护产业安全。

由于我国劳动力资源相对丰富、资本相对缺乏，这种要素禀赋决

定了中小企业在国民经济中占有举足轻重的地位。截至2006年底，中小企业已达到4200多万户，占全国企业总数的99.8%，创造最终产品和服务的价值占国内生产总值的58%，生产的商品占社会销售额的59%，上缴税收占50.2%。中小企业不仅在容纳就业、创造需求等方面发挥了重要作用，而且是我国技术创新的主体。改革开放以来，中小企业完成了我国65%的发明专利、75%以上的技术创新，80%的新产品。此外，各国企业的发展史表明：许多中小企业可以通过自主创新，迅速成长，经历一个由起步到成熟的过程，最终成为行业龙头。例如，人们熟知的Intel、微软、IBM、AT&T、思科等，事实上都是从小企业发展而来的。这些行业龙头虽然具有中小企业不可比拟的优势，但已走向成熟，进一步发展的空间已相当狭小。中小企业虽然规模较小，在市场竞争中处于弱势地位，但它们产权明晰，机制灵活，机动性强，决策快，利益的激励和约束强，在生存危机与竞争压力下，更加关注市场机会，重视创新，发展潜力巨大。所以，当前在外资纷纷并购我国行业龙头企业，给我国产业安全带来一定隐患的情况下，大力发展中小企业，培育中小企业的自主创新能力，使众多的中小企业迅速成长起来，成为产业的主力军，就可以抵御外资并购的潜在风险，使我国经济转危为安。因此，无论是从我国的现实国情来看，还是从企业发展的规律来看，发展自主创新能力，维护我国的产业安全，应着眼于中小企业。只有通过培养中小企业的自主创新能力，才能从根本上维护我国的产业安全。

目前，多种因素共同制约着我国中小企业自主创新能力的发展，归纳起来，主要体现在以下三个方面：

第一，技术创新成本高，回收期长，培养自主创新能力需要强有力的资金保障。长期以来，中小企业融资困难，成为制约中小企业自主创新能力的首要问题。中小企业的融资难问题主要体现在四个方面：一是由于中小企业规模有限，靠自身积累来筹集所需资金，远远无法满足进行自主创新的资金需求；二是中小企业通过银行融资困难，银行更倾向于向经营透明度高、抵押条件好的大企业贷款；三是由于中小企业规模有限，经营透明度不高，上市困难，无法通过股权和企业债券融资；四是我国缺少风险投资机构，尚未形成风险投资退出机制，中小企业吸引风险投资困难。这些因素共同制约着中小企业的资金融通，影响中小企业自主创新能力的培养。

第二，由于市场不完善，与大企业相比，中小企业技术创新的机会成本更高，而且面临更大的技术风险、市场风险和技术流失风险，因而需要给予中小企业自主创新激励和公共服务支持。目前我国中小企业自主创新的激励机制和公共服务支持系统缺位，使中小企业在激烈的市场竞争中技术创新投入不足，信息不畅，人才流失严重，自主知识产权得不到保护，从而无法快速反应、科学决策，自主创新举步维艰。

第三，技术创新人才缺乏，创新能力有限。与大企业相比，中小企业的企业规模较小，工作环境较差，教育培训计划较少。这些障碍导致我国从事科研开发的科技人员绝大多数集中在大企业，中小企业技术创新人才严重匮乏而且流失严重，直接影响了中小企业的自主创新能力。

那么，怎样克服以上障碍，提升中小企业的自主创新能力呢？笔者认为需要做好以下几方面的工作。

第一，针对中小企业融资困难，首先，应完善中小企业融资信用担保制度。在适度控制担保风险的基础上，合理扩大信用担保的覆盖面，特别是扩大创新型中小企业融资担保服务，允许创新型企业用知识产权和有效动产作为财产抵押向银行贷款。其次,大力发展中小金融机构。与大型金融机构相比,中小金融机构的资金规模有限,而且在中小企业服务方面拥有信息优势,更愿意为中小企业提供融资服务。大力发展中小金融机构,促使它们相互竞争,与中小企业建立长期、稳定的合作关系。针对股权、债券融资困难,缺乏风险投资退出机制的问题,我国虽然已建立了中小企业板市场,但由于它在上市规模、信息披露和监督、会计审核等方面的限制,大部分中小企业特别是高新技术企业仍然无法实现上市融资。此外,股权在中小企业板无法全流通,导致风险投资退出困难。因此,国家应尽快实现中小企业板向创业板的过渡,一方面,在控制风险的情况下,适当降低进入门槛,让一部分运作规范、有发展潜力的中小企业上市融资,为中小高新技术企业提供一个适宜、公平的融资环境;另一方面,实现资本的全流通,解决股权分置问题,为风险投资提供一个退资出口,从而促进风险资本的有效循环。对于我国缺乏风险投资机构的问题,应新增一部分财政专项资金建立国家创新风险投资基金,并对主要投资于中小高新技术企业创新事业的风险投资企业,实行投资收益税减免或投资额按比例抵扣应纳税所得额等税收优惠政策。

第二,建立健全中小企业技术创新的激励机制和服务支持系统,降低中小企业技术创新风险。在《中小企业促进法》的基础上,应进一步完善中小企业的相关法律法规,制定促进中小企业自主创新的特别条款,激励中小企业的创新行为。国家应在资金融通、技术创新、市场开拓等方面给予重点支持,包括加大财政对中小企业研发投入的力度,提高中小企业创新基金的支持强度;改革现行税收政策,对中小企业的研发投入实行税收减免,并对成长性好、业绩优良的高新技术中小企业给予一定范围和一定年限的税收减免;切实保护自主知识产权，保护中小企业的合法权益；引导政府采购向高新技术中小企业的产品倾斜，帮助中小企业开拓市场。同时，应建立健全中小企业技术创新服务支持系统，以满足中小企业技术创新需求。建立中小企业信息网络系统，发展中小企业社会化服务机构，为中小企业技术创新提供信息、设计、研发、试验、检测、新技术推广、技术培训、知识产权保护和专利申报等全方位服务，推进中小企业信息的收集和分享，解决中小企业的技术难题。

第三，建立健全人才激励机制，鼓励中小企业将技术引进和技术创新有效结合，提升中小企业的创新能力。解决技术创新人才缺乏，创新能力有限的问题，应从两方面着手：首先，建立健全人才激励机制，在人才引进、人才安置、人才培养等方面给予优惠，为人才创造良好的工作环境，鼓励科技人员进入中小企业；建立各行业的技术专家库，搭建专家服务平台，为中小企业提供技术咨询、技术指导和技术诊断等服务。其次，鼓励中小企业将技术引进和技术创新有效结合，以消化吸收再创新和集成创新为主，逐步培养创新能力，进而实现原始创新；推进中小企业与大学、科研院所建立长期合作关系，通过共建研发机构、联合或委托开发、技术成果转移、专业技术培养等多种形式，加速科研成果的转化；鼓励中小企业积极参与国际经济合作，融入跨国公司的全球生产与采购系统，在引进消化吸收国外先进技术的基础上，实现从模仿到创新；加快建立中小企业之间的战略技术联盟，使中小企业在合作创新中实现优势互补，特别是应加强与发达国家中小企业的合资合作。

参考文献

[1] Buckley Peter J, Casson Mark C. Analyzing Foreign Market Entry Strategies: Extending the Internalization Approach [J]. Journal of International Business Studies, 1998, 29 (3): 539-561.

[2] Görg H. Analysing foreign market entry –The choice between greenfield investment and acquisitions [J]. Journal of Economic Studies, 2000, 27 (3): 165-181.

[3] Aaditya Mattoo, Marcelo Olarreaga, Kamal Saggi. Mode of foreign entry, technology transfer, and FDI policy [J]. Journal of Development Economics, 2004, 75 (5): 95-111.

[4] Susana Iranzo. FDI Mode of Entry and Acquistion of Firms Specific Assets [J]. Working Paper, 2004, 16: 25-36.

[5] Leo Grünfeld. Greenfield Investment or Acquisition? Optimal Foreign Entry Mode with Knowledge Spillovers in A Cournot Game. Presented at the ETSG Seventh Annual Conference, 2005, 21 (5): 13-22.

[6] Thomas Müller. Analyzing Modes of Foreign Entry: Greenfield Investment versus Acquisition [D]. University of Munich, mimeo, 2001, (8): 42-56.

[7] Theo Eicher, Jong Woo Kang. Trade, foreign direct investment

or acquisition: Optimal entry modes for multinationals [J]. Journal of Development Economics, 2005, 77(6): 207-228.

[8] Pehr-Johan Norbäck, Lars Persson. Cross-Border Acquistions and Greenfield Entry [J]. Working Paper, 2002, 13(2): 15-33.

[9] Thomas MuÄlle. Modes of Foreign Entry under Asymmetric Information about Potential Technology Spillovers [J]. Working Paper, 2004, 25(2): 12-36.

[10] Ben Ferrett.Greenfield Investment versus Acquisition: Alternative Modes of Foreign Expansion [J]. Working Paper, 2004, 12: 10-22.

[11] Volker Nocke, Stephen Yeaple .Assignment Theory of Foreign Direct Investment [J]. Working Paper, 2005, 31(8): 33-45.

[12] 程新章，胡峰.跨国公司对外投资模式选择的经济学分析框架[J].新疆大学学报（社会科学版），2003（4）.

[13] 姚战琪.跨国并购与新建投资——作为跨国企业进入方式选择理论的最新进展及一个模型分析[J].财贸经济，2004（1）.

[14] 冯春丽，刘海云.跨国公司进入模式、技术转移及其政策启示[J].国际贸易问题，2005（4）.

[15] 吴俊杰.跨国公司市场进入模式选择及东道国的政策干预经济学分析[J].世界经济研究，2005（2）.

[16] 何慧书，吴江.跨国并购与绿地投资的选择——兼论东道国FDI政策取向[J].经济师，2006（8）.

[17] 余竑.东道国政策设置与跨国公司进入模式选择的经济学分析[J].中国软科学，2006（10）.

[18] 黄宇驰.知识与跨国公司进入模式选择——一个不同于交

易成本的框架［J］.技术经济，2007（7）.

［19］范兆斌，苏晓艳.跨国公司进入模式的结构决定：基于影响因素的一般框架［J］.生产力研究，2008（9）.

［20］李元旭，周瑛.跨国公司进入模式决策的影响因素分析及启示——基于知识转移的观点.国际商务［J］.对外经济贸易大学学报，2006（5）.

［21］邱伟年.跨国公司进入中国的模式选择与路径演变的研究——基于组织合法性的视角专业资料［J］.暨南学报（哲学社会科学版），2012（8）.

［22］Dunning J H. International Production and the Multinational Enterprise. G. Allen and Unwin, London. EBRD, 1994. Transition Report［M］. Oxford University Press, 1981: 100-130.

［23］Thier W J. The multinational firm［J］. Quarterly Journal of Economics, 1986, 15（4）: 805-834.

［24］Hill C W L, Hwang P, Kim W C. An eclectic theory of the choice of international entry mode［J］. Strategic anagement Journal, 1990, 32（11）: 117-128.

［25］Lankes H P, Venables A J. Foreign direct investment in economic transition: the changing pattern of investment［J］. Economics of Transition, 1996, 27（2）: 331-347.

［26］Henisz W J. The institutional environment for multinational investment［J］. Journal of Law, Economics, and Organization, 2000, 44(2): 334-364.

［27］Hanson G, Mataloni R, Slaughter M I. Expansion strategies of U.S. multinational firms. In Rodrik, Ani, Collins, Susan, M（Eds.），

Brookings Trade Forum, 2001: 245-282.

[28] Lu J W. Intra-and inter-organizational imitative behavior: institutional influences on Japanese firms' entry mode choice [J]. Journal of International Business Studies, 2002, 33 (1): 19-37.

[29] Verboven F. Localized competition, multimarket operation, and collusive behavior [J]. International Economic Review, 1998, 31(2): 371-398.

[30] Siripaisalpipat P, Hoshino Y. Firm-specific advantages, entry modes, and performance of Japanese FDI in Thailand [J]. Japan and the World Economy, 2000, 21 (1): 33-48.

[31] Smarzynska B. Technological Leadership and the Choice of Entry Mode by Foreign Investors [J]. World Bank Policy Research Working Paper, 2000, (6): 14-32.

[32] Meyer K E. Institutions, transaction costs, and entry mode choice in Eastern Europe [J]. Journal of International Business Studies, 2001, 54 (2): 357-367.

[33] Meyer K E, Estrin S. Brownfield entry in emerging markets [J]. Journal of International Business Studies, 2001, 23 (3): 575-584.

[34] Ayça, Tekin-Koru. Is FDI Indeed Tariff-Jumping? Firm-Level Evidence [J]. Working Paper, 2006, (7): 33-44.

[35] Bernard Michael Gilroy, Elmar Lukas. The choice between greenfield investment and cross-border acquisition: A real option approach [J]. The Quarterly Review of Economics and Finance, 2006, 31 (6): 447-465.

[36] Dubin M. Foreign Acquisitions and the Spread of the Multinational

Firm.D.b.a. thesis, Graduate School of Business Administration, Harvard University, 1976.

[37] Caves R, Mehra S K.Entry of foreign multinationals into U.S. manufacturing industries [M]. In M. E. Porter (Ed.), Competition in global industries. Boston, MA: Harvard Business School Press, 1986: 449-481.

[38] Zejan M C. New ventures or acquisition: The choice of Swedish multinational enterprises[J]. Journal of Industrial Economics, 1990, 38(8): 349-355.

[39] Hennart J F, Park Y R. Greenfield vs. acquisition: The strategy of Japanese investors in the United States [J]. Management Science, 1993, 39(9): 1054-1070.

[40] Andersson T, Svensson R. Entry modes of direct investment determined by the composition of firm-specific skills [J]. Scandinavian Journal of Economics, 1996, 96(4): 551-560.

[41] ÓhUallacháin B, Reid N. Acquisition versus greenfield investment: The location and growth of Japanese manufacturers in the United States [J]. Regional Studies, 1997, 31(4): 403-416.

[42] Mudambi R S, Mudambi M. Diversification and market entry choices in the context of foreign direct investment [J]. International Business Review, 2002, 32(11): 35-55.

[43] Haiyang Chen, Michael, Y Hu. An analysis of determinants of entry mode andits impact on performance [J]. International Business Review, 2002, 45(11): 193-210.

[44] Basile Roberto. Acquisition versus greenfield investment: the

location of foreign manufacturers in Italy [J]. Regional Science and Urban Economics, 2004, 37（4）: 3-25.

[45] Elango B. The influence of plant characteristics on the entry mode choice of overseas firms [J]. Journal of Operations Management, 2005, 29（3）: 65-79.

[46] Ayça Tekin-Koru. Is FDI Indeed Tariff-Jumping? Firm-Level Evidence [J]. Working Paper, 2006: 12-20.

[47] Bernard Michael Gilroy, Elmar Lukas. The choice between greenfield investment and cross-border acquisition: A real option approach [J]. The Quarterly Review of Economics and Finance, 2006, 19（6）: 447-465.

[48] 张一弛. 我国两岸三地对美直接投资的进入模式: 一项基于数据的分析报告 [J]. 管理世界, 2003（10）.

[49] 王根蓓, 赵晶, 王馨仪. 生产力异质性、市场化进程与在华跨国公司进入模式的选择——基于 ML-Binary Logit 模型的实证分析 [J]. 中国工业经济, 2010（12）.

[50] 许陈生, 夏洪胜. 中国外商直接投资的进入模式——对独资倾向影响因素的实证分析 [J]. 财经研究, 2004（10）.

[51] 薛求知, 韩冰洁. 东道国腐败对跨国公司进入模式的影响研究 [J]. 经济研究, 2008（4）.

[52] 陈艳莹, 夏一平. 东道国腐败、利益博弈与跨国公司进入模式 [J]. 经济与管理研究, 2010（7）.

[53] 霍杰, 蒋周文, 杨洪青. 心理距离对跨国公司进入模式的影响 [J]. 商业研究, 2011（3）.

[54] 孙铭, 王凤生. 转型经济体制下跨国公司进入模式选择 [J].

统计与决策,2012(14).

[55] 何浏,王海忠,田阳.品牌身份差异对品牌并购的影响研究[J].中国软科学,2011(4).

[56] 黄韫慧,施俊琦.并购对民族品牌的影响:独立自我的调节作用[J].北京大学学报:自然科学版,2009(5).

[57] 张珏.外资并购浪潮中的民族品牌保护问题——以法国SEB并购苏泊尔为例[J].华商,2008(12).

[58] 蔡高强,杨璐畅.可口可乐并购汇源的法律思考——兼论跨国并购对民族品牌的机遇与挑战[J].行政与法,2009(4).

[59] 刘文纲.跨国并购的品牌资源整合策略选择[J].商业研究,2010(1).

[60] 杨曙光,关怀海.外资对中国品牌"弱化"并购策略及企业对策[J].特区经济,2007(2).

[61] 郭锐,陶岚,汪涛,周南.民族品牌跨国并购后的品牌战略研究——弱势品牌视角[J].南开管理评论,2012(3).

[62] 王海忠,陈增祥,司马博.跨国并购中品牌重置策略对新产品评价的影响机制研究[J].中国工业经济,2011(11).

[63] 杨攀,马艳霞,何佳讯.基于目的的外资品牌并购本土品牌实证研究[J].湖北社会科学,2008(5).

[64] 卢耀祖.刍议并购中的品牌整合策略[J].经济问题,2007(12).

[65] 温冬开.中国品牌要警惕"消灭式合资"——外商并购本土品牌的策略分析[J].北京商学院学报,2001(2).

[66] 牛瑞瑞.外资并购中的中国品牌保护问题研究[J].北方经贸,2009(1).

[67] 欧阳有旺,郭炳南.探讨外资的消灭式品牌并购以及中国

企业的应对策略［J］.商场现代化，2005（8）.

［68］操君.外资并购与本土品牌保护［J］.江西社会科学，2009(2).

［69］张诚，谷留锋.跨国并购、品牌策略及产业影响分析［J］.现代管理科学，2011（7）.

［70］Hotelling H. Stability in competition［J］. Economic Journal，1929，39（3）：41-57.

［71］Klemperer P. Markets with consumer switching costs［J］. Quarterly Journal of Economics，1987，102（7）：375-394.

［72］John F R，Harter.How Brand Loyalty Affects Product Differentiation［J］. Journal of Applied Economics and Policy，2004，23(3):1-13.

［73］蒋传海，夏大慰.产品差异、转移成本和市场竞争［J］.财经研究，2006（4）.

附 件

外商投资产业指导目录（2015年修订）

（国家发展和改革委员会、商务部令 2015 年第 22 号）

鼓励外商投资产业目录

一、农、林、牧、渔业

1. 木本食用油料、调料和工业原料的种植及开发、生产

2. 绿色、有机蔬菜（含食用菌、西甜瓜）、干鲜果品、茶叶栽培技术开发及产品生产

3. 糖料、果树、牧草等农作物栽培新技术开发及产品生产

4. 花卉生产与苗圃基地的建设、经营

5. 橡胶、油棕、剑麻、咖啡种植

6. 中药材种植、养殖

7. 农作物秸秆还田及综合利用、有机肥料资源的开发生产

8. 水产苗种繁育（不含我国特有的珍贵优良品种）

9. 防治荒漠化及水土流失的植树种草等生态环境保护工程建设、经营

10. 水产品养殖、深水网箱养殖、工厂化水产养殖、生态型海洋增养殖

二、采矿业

11. 石油、天然气（含油页岩、油砂、页岩气、煤层气等非常规油气）的勘探、开发和矿井瓦斯利用（限于合资、合作）

12. 提高原油采收率（以工程服务形式）及相关新技术的开发应用

13. 物探、钻井、测井、录井、井下作业等石油勘探开发新技术的开发与应用

14. 提高矿山尾矿利用率的新技术开发和应用及矿山生态恢复技术的综合应用

15. 我国紧缺矿种（如钾盐、铬铁矿等）的勘探、开采和选矿

三、制造业

（一）农副食品加工业

16. 绿色无公害饲料及添加剂开发

17. 水产品加工、贝类净化及加工、海藻保健食品开发

18. 蔬菜、干鲜果品、禽畜产品加工

（二）食品制造业

19. 婴儿、老年食品及保健食品的开发、生产

20. 森林食品的开发、生产

21. 天然食品添加剂、天然香料新技术开发与生产

（三）酒、饮料和精制茶制造业

22. 果蔬饮料、蛋白饮料、茶饮料、咖啡饮料、植物饮料的开发、生产

（四）纺织业

23. 采用非织造、机织、针织及其复合工艺技术的轻质、高强、耐

高/低温、耐化学物质、耐光等多功能化的产业用纺织品生产

24.采用先进节能减排技术和装备的高档织物印染及后整理加工

25.符合生态、资源综合利用与环保要求的特种天然纤维（包括山羊绒等特种动物纤维、竹纤维、麻纤维、蚕丝、彩色棉花等）产品加工

（五）纺织服装、服饰业

26.采用计算机集成制造系统的服装生产

27.功能性特种服装生产

（六）皮革、毛皮、羽毛及其制品和制鞋业

28.皮革和毛皮清洁化技术加工

29.皮革后整饰新技术加工

30.皮革废弃物综合利用

（七）木材加工和木、竹、藤、棕、草制品业

31.林业三剩物，"次、小、薪"材和竹材的综合利用新技术、新产品开发与生产

（八）文教、工美、体育和娱乐用品制造业

32.高档地毯、刺绣、抽纱产品生产

（九）石油加工、炼焦和核燃料加工业

33.酚油加工、洗油加工、煤沥青高端化利用（不含改质沥青）

（十）化学原料和化学制品制造业

34.聚氯乙烯和有机硅新型下游产品开发与生产

35.合成材料的配套原料：过氧化氢氧化丙烯法环氧丙烷、萘二甲酸二甲酯（NDC）、1,4-环己烷二甲醇（CHDM）、5万吨/年及以上丁二烯法己二腈、己二胺生产

36.合成纤维原料：尼龙66盐、1,3-丙二醇生产

37.合成橡胶：异戊橡胶、聚氨酯橡胶、丙烯酸酯橡胶、氯醇橡胶，

以及氟橡胶、硅橡胶等特种橡胶生产

38. 工程塑料及塑料合金：6万吨/年及以上非光气法聚碳酸酯（PC）、均聚法聚甲醛、聚苯硫醚、聚醚醚酮、聚酰亚胺、聚砜、聚醚砜、聚芳酯（PAR）、聚苯醚及其改性材料、液晶聚合物等产品生产

39. 精细化工：催化剂新产品、新技术，染（颜）料商品化加工技术，电子化学品和造纸化学品，皮革化学品（N-N二甲基甲酰胺除外），油田助剂，表面活性剂，水处理剂，胶粘剂，无机纤维、无机纳米材料生产，颜料包膜处理深加工

40. 环保型印刷油墨、环保型芳烃油生产

41. 天然香料、合成香料、单离香料生产

42. 高性能涂料，高固体份、无溶剂涂料，水性工业涂料及配套水性树脂生产

43. 高性能氟树脂、氟膜材料，医用含氟中间体，环境友好型含氟制冷剂、清洁剂、发泡剂生产

44. 从磷化工、铝冶炼中回收氟资源生产

45. 林业化学产品新技术、新产品开发与生产

46. 环保用无机、有机和生物膜开发与生产

47. 新型肥料开发与生产：高浓度钾肥、复合型微生物接种剂、复合微生物肥料、秸秆及垃圾腐熟剂、特殊功能微生物制剂

48. 高效、安全、环境友好的农药新品种、新剂型、专用中间体、助剂的开发与生产，以及相关清洁生产工艺的开发和应用（甲叉法乙草胺、水相法毒死蜱工艺、草甘膦回收氯甲烷工艺、定向合成法手性和立体结构农药生产、乙基氯化物合成技术）

49. 生物农药及生物防治产品开发与生产：微生物杀虫剂、微生物杀菌剂、农用抗生素、昆虫信息素、天敌昆虫、微生物除草剂

50. 废气、废液、废渣综合利用和处理、处置

51. 有机高分子材料生产：飞机蒙皮涂料、稀土硫化铈红色染料、无铅化电子封装材料、彩色等离子体显示屏专用系列光刻浆料、小直径大比表面积超细纤维、高精度燃油滤纸、锂离子电池隔膜、表面处理自我修复材料、超疏水纳米涂层材料

（十一）医药制造业

52. 新型化合物药物或活性成分药物的生产（包括原料药和制剂）

53. 氨基酸类：发酵法生产色氨酸、组氨酸、蛋氨酸等生产

54. 新型抗癌药物、新型心脑血管药及新型神经系统用药的开发及生产

55. 采用生物工程技术的新型药物生产

56. 艾滋病疫苗、丙肝疫苗、避孕疫苗及宫颈癌、疟疾、手足口病等新型疫苗生产

57. 海洋药物的开发及生产

58. 药品制剂：采用缓释、控释、靶向、透皮吸收等新技术的新剂型、新产品生产

59. 新型药用辅料的开发及生产

60. 动物专用抗菌原料药生产（包括抗生素、化学合成类）

61. 兽用抗菌药、驱虫药、杀虫药、抗球虫药新产品及新剂型生产

62. 新型诊断试剂的开发及生产

（十二）化学纤维制造业

63. 差别化化学纤维及芳纶、碳纤维、高强高模聚乙烯、聚苯硫醚（PPS）等高新技术化纤（粘胶纤维除外）生产

64. 纤维及非纤维用新型聚酯生产：聚对苯二甲酸丙二醇酯（PTT）、聚萘二甲酸乙二醇酯（PEN）、聚对苯二甲酸环己烷二甲醇酯（PCT）、

二元醇改性聚对苯二甲酸乙二醇酯（PETG）

65. 利用新型可再生资源和绿色环保工艺生产生物质纤维，包括新溶剂法纤维素纤维（Lyocell）、以竹、麻等为原料的再生纤维素纤维、聚乳酸纤维（PLA）、甲壳素纤维、聚羟基脂肪酸酯纤维（PHA）、动植物蛋白纤维等

66. 尼龙11、尼龙1414、尼龙46、长碳链尼龙、耐高温尼龙等新型聚酰胺开发与生产

67. 子午胎用芳纶纤维及帘线生产

（十三）橡胶和塑料制品业

68. 新型光生态多功能宽幅农用薄膜开发与生产

69. 废旧塑料的回收和再利用

70. 塑料软包装新技术、新产品（高阻隔、多功能膜及原料）开发与生产

（十四）非金属矿物制品业

71. 节能、环保、利废、轻质高强、高性能、多功能建筑材料开发生产

72. 以塑代钢、以塑代木、节能高效的化学建材品生产

73. 年产1000万平方米及以上弹性体、塑性体改性沥青防水卷材，宽幅（2米以上）三元乙丙橡胶防水卷材及配套材料，宽幅（2米以上）聚氯乙烯防水卷材，热塑性聚烯烃（TPO）防水卷材生产

74. 新技术功能玻璃开发生产：屏蔽电磁波玻璃、微电子用玻璃基板、透红外线无铅玻璃、电子级大规格石英玻璃制品（管、板、坩埚、仪器器皿等）、光学性能优异多功能风挡玻璃、信息技术用极端材料及制品（包括波导级高精密光纤预制棒石英玻璃套管和陶瓷基板）、高纯（≥99.998%）超纯（≥99.999%）水晶原料提纯加工

75.薄膜电池导电玻璃、太阳能集光镜玻璃、建筑用导电玻璃生产

76.玻璃纤维制品及特种玻璃纤维生产：低介电玻璃纤维、石英玻璃纤维、高硅氧玻璃纤维、高强高弹玻璃纤维、陶瓷纤维等及其制品

77.光学纤维及制品生产：传像束及激光医疗光纤、超二代和三代微通道板、光学纤维面板、倒像器及玻璃光锥

78.陶瓷原料的标准化精制、陶瓷用高档装饰材料生产

79.水泥、电子玻璃、陶瓷、微孔炭砖等窑炉用环保（无铬化）耐火材料生产

80.氮化铝（AlN）陶瓷基片、多孔陶瓷生产

81.无机非金属新材料及制品生产：复合材料、特种陶瓷、特种密封材料（含高速油封材料）、特种摩擦材料（含高速摩擦制动制品）、特种胶凝材料、特种乳胶材料、水声橡胶制品、纳米材料

82.有机—无机复合泡沫保温材料生产

83.高技术复合材料生产：连续纤维增强热塑性复合材料和预浸料、耐温＞300℃树脂基复合材料成型用工艺辅助材料、树脂基复合材料（包括体育用品、轻质高强交通工具部件）、特种功能复合材料及制品(包括深水及潜水复合材料制品、医用及康复用复合材料制品)、碳/碳复合材料、高性能陶瓷基复合材料及制品、金属基和玻璃基复合材料及制品、金属层状复合材料及制品、压力≥320MPa超高压复合胶管、大型客机航空轮胎

84.精密高性能陶瓷原料生产：碳化硅（SiC）超细粉体（纯度＞99%，平均粒径＜1μm）、氮化硅（Si_3N_4）超细粉体（纯度＞99%，平均粒径＜1μm）、高5纯超细氧化铝微粉（纯度＞99.9%，平均粒径＜0.5μm）、低温烧结氧化锆（ZrO_2）粉体（烧结温度＜1350℃）、高纯氮化铝（AlN）粉体（纯度＞99%，平均粒径＜1μm）、金红石

型 TiO_2 粉体（纯度＞98.5%）、白炭黑（粒径＜100nm）、钛酸钡（纯度＞99%，粒径＜1μm）

85. 高品质人工晶体及晶体薄膜制品开发生产：高品质人工合成水晶（压电晶体及透紫外光晶体）、超硬晶体（立方氮化硼晶体）、耐高温高绝缘人工合成绝缘晶体（人工合成云母）、新型电光晶体、大功率激光晶体及大规格闪烁晶体、金刚石膜工具、厚度0.3mm及以下超薄人造金刚石锯片

86. 非金属矿精细加工（超细粉碎、高纯、精制、改性）

87. 超高功率石墨电极生产

88. 珠光云母生产（粒径3~150μm）

89. 多维多向整体编制织物及仿形织物生产

90. 利用新型干法水泥窑无害化处置固体废弃物

91. 建筑垃圾再生利用

92. 工业副产石膏综合利用

93. 非金属矿山尾矿综合利用的新技术开发和应用及矿山生态恢复

（十五）有色金属冶炼和压延加工业

94. 直径200mm以上硅单晶及抛光片生产

95. 高新技术有色金属材料生产：化合物半导体材料（砷化镓、磷化镓、磷化铟、氮化镓），高温超导材料，记忆合金材料（钛镍、铜基及铁基记忆合金材料），超细（纳米）碳化钙及超细（纳米）晶硬质合金，超硬复合材料，贵金属复合材料，轻金属复合材料及异种材结合，散热器用铝箔，中高压阴极电容铝箔，特种大型铝合金型材，铝合金精密模锻件，电气化铁路架空导线，超薄铜带，耐蚀热交换器铜合金材，高性能铜镍、铜铁合金带，铍铜带、线、管及棒加工材，耐高温抗衰钨丝，镁合金铸件，无铅焊料，镁合金及其应用产品，泡

沫铝，钛合金冶炼及加工，原子能级海绵锆，钨及钼深加工产品

（十六）金属制品业

96. 航空、航天、汽车、摩托车轻量化及环保型新材料研发与制造（专用铝板、铝镁合金材料、摩托车铝合金车架等）

97. 轻金属半固态快速成型材料研发与制造

98. 用于包装各类粮油食品、果蔬、饮料、日化产品等内容物的金属包装制品（厚度0.3毫米以下）的制造及加工（包括制品的内外壁印涂加工）

99. 节镍不锈钢制品的制造

（十七）通用设备制造业

100. 高档数控机床及关键零部件制造：五轴联动数控机床、数控坐标镗铣加工中心、数控坐标磨床、五轴联动数控系统及伺服装置、精密数控加工用高速超硬刀具

101. 1000吨及以上多工位镦锻成型机制造

102. 报废汽车拆解、破碎及后处理分选设备制造

103. FTL柔性生产线制造

104. 垂直多关节工业机器人、焊接机器人及其焊接装置设备制造

105. 特种加工机械制造：激光切割和拼焊成套设备、激光精密加工设备、数控低速走丝电火花线切割机、亚微米级超细粉碎机

106. 400吨及以上轮式、履带式起重机械制造

107. 工作压力≥35MPa高压柱塞泵及马达、工作压力≥35MPa低速大扭矩马达的设计与制造

108. 工作压力≥25MPa的整体式液压多路阀，电液比例伺服元件制造

109. 阀岛、功率0.35W以下气动电磁阀、200Hz以上高频电控气

阀设计与制造

110. 静液压驱动装置设计与制造

111. 压力 10MPa 以上非接触式气膜密封、压力 10MPa 以上干气密封（包括实验装置）的开发与制造

112. 汽车用高分子材料（摩擦片、改型酚醛活塞、非金属液压总分泵等）设备开发与制造

113. 第三代及以上轿车轮毂轴承、高中档数控机床和加工中心轴承、高速线材和板材轧机轴承、高速铁路轴承、振动值 Z4 以下低噪音轴承、各类轴承的 P4 和 P2 级轴承、风力发电机组轴承、航空轴承制造

114. 高密度、高精度、形状复杂的粉末冶金零件及汽车、工程机械等用链条的制造

115. 风电、高速列车用齿轮变速器，船用可变桨齿轮传动系统，大型、重载齿轮箱的制造

116. 耐高温绝缘材料（绝缘等级为 F、H 级）及绝缘成型件制造

117. 蓄能器胶囊、液压气动用橡塑密封件开发与制造

118. 高精度、高强度（12.9 级以上）、异形、组合类紧固件制造

119. 微型精密传动联结件（离合器）制造

120. 大型轧机连接轴制造

121. 机床、工程机械、铁路机车装备等机械设备再制造及汽车零部件再制造

122. 1000 万像素以上数字照相机制造

123. 办公机械制造：多功能一体化办公设备（复印、打印、传真、扫描），彩色打印设备，精度 2400dpi 及以上高分辨率彩色打印机头，感光鼓

124. 电影机械制造：2K、4K 数字电影放映机，数字电影摄像机，

数字影像制作、编辑设备

（十八）专用设备制造业

125. 矿山无轨采、装、运设备制造：200 吨及以上机械传动矿用自卸车，移动式破碎机，5000 立方米/小时及以上斗轮挖掘机，8 立方米及以上矿用装载机，2500 千瓦以上电牵引采煤机设备等

126. 物探（不含重力、磁力测量）、测井设备制造：MEME 地震检波器，数字遥测地震仪，数字成像、数控测井系统，水平井、定向井、钻机装置及器具，MWD 随钻测井仪

127. 石油勘探、钻井、集输设备制造：工作水深大于 1500 米的浮式钻井系统和浮式生产系统及配套海底采油、集输设备

128. 口径 2 米以上深度 30 米以上大口径旋挖钻机、直径 1.2 米以上顶管机、回拖力 300 吨以上大型非开挖铺设地下管线成套设备、地下连续墙施工钻机制造

129. 520 马力及以上大型推土机设计与制造

130. 100 立方米/小时及以上规格的清淤机、1000 吨及以上挖泥船的挖泥装置设计与制造

131. 防汛堤坝用混凝土防渗墙施工装备设计与制造

132. 水下土石方施工机械制造：水深 9 米以下推土机、装载机、挖掘机等

133. 公路桥梁养护、自动检测设备制造

134. 公路隧道营运监控、通风、防灾和救助系统设备制造

135. 铁路大型施工、铁路线路、桥梁、隧道维修养护机械和检查、监测设备及其关键零部件的设计与制造

136. （沥青）油毡瓦设备、镀锌钢板等金属屋顶生产设备制造

137. 环保节能型现场喷涂聚氨酯防水保温系统设备、聚氨酯密封

膏配制技术与设备、改性硅酮密封膏配制技术和生产设备制造

138. 高精度带材轧机（厚度精度 10 微米）设计与制造

139. 多元素、细颗粒、难选冶金属矿产的选矿装置制造

140. 100 万吨 / 年及以上乙烯成套设备中的关键设备制造：年处理能力 40 万吨以上混合造粒机，直径 1000 毫米及以上螺旋卸料离心机，小流量高扬程离心泵

141. 金属制品模具（铜、铝、钛、锆的管、棒、型材挤压模具）设计、制造

142. 汽车车身外覆盖件冲压模具，汽车仪表板、保险杠等大型注塑模具，汽车及摩托车夹具、检具设计与制造

143. 汽车动力电池专用生产设备的设计与制造

144. 精密模具（冲压模具精度高于 0.02 毫米、型腔模具精度高于 0.05 毫米）设计与制造

145. 非金属制品模具设计与制造

146. 6 万瓶 / 小时及以上啤酒灌装设备、5 万瓶 / 小时及以上饮料中温及热灌装设备、3.6 万瓶 / 小时及以上无菌灌装设备制造

147. 氨基酸、酶制剂、食品添加剂等生产技术及关键设备制造

148. 10 吨 / 小时及以上的饲料加工成套设备及关键部件制造

149. 楞高 0.75 毫米及以下的轻型瓦楞纸板及纸箱设备制造

150. 单张纸多色胶印机（幅宽 ≥ 750 毫米，印刷速度：单面多色 ≥ 16000 张 / 小时，双面多色 ≥ 13000 张 / 小时）制造

151. 单幅单纸路卷筒纸平版印刷机印刷速度大于 75000 对开张 / 小时（787×880 毫米）、双幅单纸路卷筒纸平版印刷机印刷速度大于 170000 对开张 / 小时（787×880 毫米）、商业卷筒纸平版印刷机印刷速度大于 50000 对开张 / 小时（787×880 毫米）制造

152.多色宽幅柔性版印刷机(印刷宽度≥1300毫米,印刷速度≥350米/秒),喷墨数字印刷机(出版用:印刷速度≥150米/分,分辨率≥600dpi;包装用:印刷速度≥30米/分,分辨率≥1000dpi;可变数据用:印刷速度≥100米/分,分辨率≥300dpi)制造

153.计算机墨色预调、墨色遥控、水墨速度跟踪、印品质量自动检测和跟踪系统、无轴传动技术、速度在75000张/小时的高速自动接纸机、给纸机和可以自动遥控调节的高速折页机、自动套印系统、冷却装置、加硅系统、调偏装置等制造

154.电子枪自动镀膜机制造

155.平板玻璃深加工技术及设备制造

156.新型造纸机械(含纸浆)等成套设备制造

157.皮革后整饰新技术设备制造

158.农产品加工及储藏新设备开发与制造:粮食、油料、蔬菜、干鲜果品、肉食品、水产品等产品的加工储藏、保鲜、分级、包装、干燥等新设备,农产品品质检测仪器设备,农产品品质无损伤检测仪器设备,流变仪,粉质仪,超微粉碎设备,高效脱水设备,五效以上高效果汁浓缩设备,粉体食品物料杀菌设备,固态及半固态食品无菌包装设备,碟片式分离离心机

159.农业机械制造:农业设施设备(温室自动灌溉设备、营养液自动配置与施肥设备、高效蔬菜育苗设备、土壤养分分析仪器),配套发动机功率120千瓦以上拖拉机及配套农具,低油耗低噪音低排放柴油机,大型拖拉机配套的带有残余雾粒回收装置的喷雾机,高性能水稻插秧机,棉花采摘机及棉花采摘台,适应多种行距的自走式玉米联合收割机(液压驱动或机械驱动),花生收获机,油菜籽收获机,

甘蔗收割机，甜菜收割机

160. 林业机具新技术设备制造

161. 农作物秸秆收集、打捆及综合利用设备制造

162. 农用废物的资源化利用及规模化畜禽养殖废物的资源化利用设备制造

163. 节肥、节（农）药、节水型农业技术设备制造

164. 机电井清洗设备及清洗药物生产设备制造

165. 电子内窥镜制造

166. 眼底摄影机制造

167. 医用成像设备（高场强超导型磁共振成像设备、X线计算机断层成像设备、数字化彩色超声诊断设备等）关键部件的制造

168. 医用超声换能器（3D）制造

169. 硼中子俘获治疗设备制造

170. 图像引导适型调强放射治疗系统制造

171. 血液透析机、血液过滤机制造

172. 全自动生化监测设备、五分类血液细胞分析仪、全自动化学发光免疫分析仪、高通量基因测序系统制造

173. 药品质量控制新技术、新设备制造

174. 天然药物有效物质分析的新技术、提取的新工艺、新设备开发与制造

175. 非PVC医用输液袋多层共挤水冷式薄膜吹塑装备制造

176. 新型纺织机械、关键零部件及纺织检测、实验仪器开发与制造

177. 电脑提花人造毛皮机制造

178. 太阳能电池生产专用设备制造

179. 大气污染防治设备制造：耐高温及耐腐蚀滤料、低NOx燃烧

装置、烟气脱氮催化剂及脱氮成套装置、工业有机废气净化设备、柴油车排气净化装置、含重金属废气处理装置

180.水污染防治设备制造：卧式螺旋离心脱水机、膜及膜材料、50kg/h 以上的臭氧发生器、10kg/h 以上的二氧化氯发生器、紫外消毒装置、农村小型生活污水处理设备、含重金属废水处理装置

181.固体废物处理处置设备制造：污水处理厂污泥处置及资源利用设备、日处理量 500 吨以上垃圾焚烧成套设备、垃圾填埋渗滤液处理技术装备、垃圾填埋场防渗土工膜、建筑垃圾处理和资源化利用装备、危险废物处理装置、垃圾填埋场沼气发电装置、废钢铁处理设备、污染土壤修复设备

182.铝工业赤泥综合利用设备开发与制造

183.尾矿综合利用设备制造

184.废旧塑料、电器、橡胶、电池回收处理再生利用设备制造

185.废旧纺织品回收处理设备制造

186.废旧机电产品再制造设备制造

187.废旧轮胎综合利用装置制造

188.水生生态系统的环境保护技术、设备制造

189.移动式组合净水设备制造

190.非常规水处理、重复利用设备与水质监测仪器

191.工业水管网和设备（器具）的检漏设备和仪器

192.日产 10 万立方米及以上海水淡化及循环冷却技术和成套设备开发与制造

193.特种气象观测及分析设备制造

194.地震台站、台网和流动地震观测技术系统开发及仪器设备制造

195.四鼓及以上子午线轮胎成型机制造

196. 滚动阻力试验机、轮胎噪音试验室制造

197. 供热计量、温控装置新技术设备制造

198. 氢能制备与储运设备及检查系统制造

199. 新型重渣油气化雾化喷嘴、漏汽率0.5%及以下高效蒸汽疏水阀、1000℃及以上高温陶瓷换热器制造

200. 海上溢油回收装置制造

201. 低浓度煤矿瓦斯和乏风利用设备制造

202. 洁净煤技术产品的开发利用及设备制造（煤炭气化、液化、水煤浆、工业型煤）

203. 大型公共建筑、高层建筑、石油化工设施、森林、山岳、水域和地下设施消防灭火救援技术开发与设备制造

（十九）汽车制造业

204. 汽车发动机制造及发动机研发机构建设：升功率不低于70千瓦的汽油发动机、升功率不低于50千瓦的排量3升以下柴油发动机、升功率不低于40千瓦的排量3升以上柴油发动机、燃料电池和混合燃料等新能源发动机

205. 汽车关键零部件制造及关键技术研发：双离合器变速器（DCT）、无级自动变速器（CVT）、电控机械变速器（AMT）、汽油发动机涡轮增压器、粘性连轴器（四轮驱动用）、自动变速器执行器（电磁阀）、液力缓速器、电涡流缓速器、汽车安全气囊用气体发生器、燃油共轨喷射技术（最大喷射压力大于2000帕）、可变截面涡轮增压技术（VGT）、可变喷嘴涡轮增压技术（VNT）、达到中国V阶段污染物排放标准的发动机排放控制装置、智能扭矩管理系统（ITM）及耦合器总成、线控转向系统、柴油机颗粒捕捉器、低地板大型客车专用车桥、吸能式转向系统、大中型客车变频空调系统、汽车用特种

橡胶配件,以及上述零部件的关键零件、部件

206.汽车电子装置制造与研发:发动机和底盘电子控制系统及关键零部件,车载电子技术(汽车信息系统和导航系统),汽车电子总线网络技术(限于合资),电子控制系统的输入(传感器和采样系统)输出(执行器)部件,电动助力转向系统电子控制器(限于合资),嵌入式电子集成系统、电控式空气弹簧,电子控制式悬挂系统,电子气门系统装置,电子组合仪表,ABS/TCS/ESP系统,电路制动系统(BBW),变速器电控单元(TCU),轮胎气压监测系统(TPMS),车载故障诊断仪(OBD),发动机防盗系统,自动避撞系统,汽车、摩托车型试验及维修用检测系统

207.新能源汽车关键零部件制造:能量型动力电池(能量密度≥110Wh/kg,循环寿命≥2000次,外资比例不超过50%),电池正极材料(比容量≥150mAh/g,循环寿命2000次不低于初始放电容量的80%),电池隔膜(厚度15~40μm,孔隙率40%~60%);电池管理系统,电机管理系统,电动汽车电控集成;电动汽车驱动电机(峰值功率密度≥2.5kW/kg,高效区:65%工作区效率≥80%),车用DC/DC(输入电压100V~400V),大功率电子器件(IGBT,电压等级≥600V,电流≥300A);插电式混合动力机电耦合驱动系统

(二十)铁路、船舶、航空航天和其他运输设备制造业

208.达到中国摩托车Ⅲ阶段污染物排放标准的大排量(排量>250ml)摩托车发动机排放控制装置制造

209.轨道交通运输设备(限于合资、合作)

210.民用飞机设计、制造与维修:干线、支线飞机(中方控股),通用飞机(限于合资、合作)

211. 民用飞机零部件制造与维修

212. 民用直升机设计与制造（3吨级及以上需中方控股）

213. 民用直升机零部件制造

214. 地面、水面效应飞机制造及无人机、浮空器设计与制造（中方控股）

215. 航空发动机及零部件、航空辅助动力系统设计、制造与维修

216. 民用航空机载设备设计与制造

217. 航空地面设备制造：民用机场设施、民用机场运行保障设备、飞行试验地面设备、飞行模拟与训练设备、航空测试与计量设备、航空地面试验设备、机载设备综合测试设备、航空制造专用设备、航空材料试制专用设备、民用航空器地面接收及应用设备、运载火箭地面测试设备、运载火箭力学及环境实验设备

218. 航天器光机电产品、航天器温控产品、星上产品检测设备、航天器结构与机构产品制造

219. 轻型燃气轮机制造

220. 豪华邮轮及深水（3000米以上）海洋工程装备的设计

221. 海洋工程装备（含模块）的制造与修理（中方控股）

222. 船舶低、中速柴油机及其零部件的设计

223. 船舶低、中速柴油机及曲轴的制造（中方控股）

224. 船舶舱室机械的设计与制造

225. 船舶通信导航设备的设计与制造：船舶通信系统设备、船舶电子导航设备、船用雷达、电罗经自动舵、船舶内部公共广播系统等

226. 游艇的设计与制造

（二十一）电气机械和器材制造业

227. 100万千瓦超超临界火电机组用关键辅机设备制造：安全阀、

调节阀

228. 燃煤电站、钢铁行业烧结机脱硝技术装备制造

229. 火电设备的密封件设计、制造

230. 燃煤电站、水电站设备用大型铸锻件制造

231. 水电机组用关键辅机设备制造

232. 输变电设备制造

233. 新能源发电成套设备或关键设备制造：光伏发电、地热发电、潮汐发电、波浪发电、垃圾发电、沼气发电、2.5兆瓦及以上风力发电设备

234. 额定功率350MW及以上大型抽水蓄能机组制造：水泵水轮机及调速器、大型变速可逆式水泵水轮机组、发电电动机及励磁、启动装置等附属设备

235. 斯特林发电机组制造

236. 直线和平面电机及其驱动系统开发与制造

237. 高技术绿色电池制造：动力镍氢电池、锌镍蓄电池、锌银蓄电池、锂离子电池、太阳能电池、燃料电池等（新能源汽车能量型动力电池除外）

238. 电动机采用直流调速技术的制冷空调用压缩机、采用CO_2自然工质制冷空调压缩机、应用可再生能源（空气源、水源、地源）制冷空调设备制造

239. 太阳能空调、采暖系统、太阳能干燥装置制造

240. 生物质干燥热解系统、生物质气化装置制造

241. 交流调频调压牵引装置制造

（二十二）计算机、通信和其他电子设备制造业

242. 高清数字摄录机、数字放声设备制造

243. TFT-LCD、PDP、OLED等平板显示屏、显示屏材料制造（6

代及 6 代以下 TFT-LCD 玻璃基板除外）

244. 大屏幕彩色投影显示器用光学引擎、光源、投影屏、高清晰度投影管和微显投影设备模块等关键件制造

245. 数字音、视频编解码设备，数字广播电视演播室设备，数字有线电视系统设备，数字音频广播发射设备，数字电视上下变换器，数字电视地面广播单频网（SFN）设备，卫星数字电视上行站设备制造

246. 集成电路设计，线宽 28 纳米及以下大规模数字集成电路制造，0.11 微米及以下模拟、数模集成电路制造，MEMS 和化合物半导体集成电路制造及 BGA、PGA、CSP、MCM 等先进封装与测试

247. 大中型电子计算机、万万亿次高性能计算机、便携式微型计算机、大型模拟仿真系统、大型工业控制机及控制器制造

248. 计算机数字信号处理系统及板卡制造

249. 图形图像识别和处理系统制造

250. 大容量光、磁盘驱动器及其部件开发与制造

251. 高速、容量 100TB 及以上存储系统及智能化存储设备制造

252. 计算机辅助设计（三维 CAD）、电子设计自动化（EDA）、辅助测试（CAT）、辅助制造（CAM）、辅助工程（CAE）系统及其他计算机应用系统制造

253. 软件产品开发、生产

254. 电子专用材料开发与制造（光纤预制棒开发与制造除外）

255. 电子专用设备、测试仪器、工模具制造

256. 新型电子元器件制造：片式元器件、敏感元器件及传感器、频率控制与选择元件、混合集成电路、电力电子器件、光电子器件、新型机电元件、高分子固体电容器、超级电容器、无源集成元件、高

密度互连积层板、多层挠性板、刚挠印刷电路板及封装载板

257. 触控系统（触控屏幕、触控组件等）制造

258. 发光效率 140lm/W 以上高亮度发光二极管、发光效率 140lm/W 以上发光二极管外延片（蓝光）、发光效率 140lm/W 以上且功率 200mW 以上白色发光管制造

259. 高密度数字光盘机用关键件开发与生产

260. 可录类光盘生产

261. 民用卫星设计与制造、民用卫星有效载荷制造（中方控股）

262. 民用卫星零部件制造

263. 卫星通信系统设备制造

264. 光通信测量仪表、速率 40Gb/s 及以上光收发器制造

265. 超宽带（UWB）通信设备制造

266. 无线局域网（含支持 WAPI）、广域网设备制造

267. 100Gbps 及以上速率时分复用设备（TDM）、密集波分复用设备（DWDM）、宽带无源网络设备（包括 EPON、GPON、WDM-PON 等）、下一代 DSL 芯片及设备、光交叉连接设备（OXC）、自动光交换网络设备（ASON）、40G/sSDH 以上光纤通信传输设备制造

268. 基于 IPv6 的下一代互联网系统设备、终端设备、检测设备、软件、芯片开发与制造

269. 第三代及后续移动通信系统手机、基站、核心网设备以及网络检测设备开发与制造

270. 高端路由器、千兆比以上网络交换机开发与制造

271. 空中交通管制系统设备制造

272. 基于声、光、电、触控等计算机信息技术的中医药电子辅助教学设备，虚拟病理、生理模型人设备的开发与制造

（二十三）仪器仪表制造业

273. 工业过程自动控制系统与装置制造：现场总线控制系统，大型可编程控制器（PLC），两相流量计，固体流量计，新型传感器及现场测量仪表

274. 大型精密仪器开发与制造

275. 高精度数字电压表、电流表制造（显示量程七位半以上）

276. 无功功率自动补偿装置制造

277. 安全生产新仪器设备制造

278. VXI 总线式自动测试系统（符合 IEEE1155 国际规范）制造

279. 煤矿井下监测及灾害预报系统、煤炭安全检测综合管理系统开发与制造

280. 工程测量和地球物理观测设备制造

281. 环境监测仪器制造

282. 水文数据采集、处理与传输和防洪预警仪器及设备制造

283. 海洋勘探监测仪器和设备制造

（二十四）废弃资源综合利用业

284. 煤炭洗选及粉煤灰（包括脱硫石膏）、煤矸石等综合利用

285. 全生物降解材料的生产

286. 废旧电器电子产品、汽车、机电设备、橡胶、金属、电池回收处理

四、电力、热力、燃气及水生产和供应业

287. 单机 60 万千瓦及以上超超临界机组电站的建设、经营

288. 采用背压（抽背）型热电联产、热电冷多联产、30 万千瓦及以上热电联产机组电站的建设、经营

289. 缺水地区单机 60 万千瓦及以上大型空冷机组电站的建设、经营

290. 整体煤气化联合循环发电等洁净煤发电项目的建设、经营

291. 单机 30 万千瓦及以上采用流化床锅炉并利用煤矸石、中煤、煤泥等发电项目的建设、经营

292. 发电为主水电站的建设、经营

293. 核电站的建设、经营（中方控股）

294. 新能源电站（包括太阳能、风能、地热能、潮汐能、潮流能、波浪能、生物质能等）建设、经营

295. 电网的建设、经营（中方控股）

296. 海水利用（海水直接利用、海水淡化）

297. 供水厂建设、经营

298. 再生水厂建设、经营

299. 污水处理厂建设、经营

300. 机动车充电站、电池更换站建设、经营

五、交通运输、仓储和邮政业

301. 铁路干线路网的建设、经营（中方控股）

302. 城际铁路、市域（郊）铁路、资源型开发铁路和支线铁路及其桥梁、隧道、轮渡和站场设施的建设、经营

303. 高速铁路、铁路客运专线、城际铁路基础设施综合维修

304. 公路、独立桥梁和隧道的建设、经营

305. 公路货物运输公司

306. 港口公用码头设施的建设、经营

307. 民用机场的建设、经营（中方相对控股）

308. 航空运输公司（中方控股，且一家外商及其关联企业投资比

例不得超过25%）

309. 农、林、渔业通用航空公司（限于合资、合作）

310. 定期、不定期国际海上运输业务（限于合资、合作）

311. 国际集装箱多式联运业务

312. 输油（气）管道、油（气）库的建设、经营

313. 煤炭管道运输设施的建设、经营

314. 自动化高架立体仓储设施，包装、加工、配送业务相关的仓储一体化设施建设、经营

六、批发和零售业

315. 一般商品的共同配送、鲜活农产品和特殊药品低温配送等物流及相关技术服务

316. 农村连锁配送

317. 托盘及集装单元共用系统建设、经营

七、租赁和商务服务业

318. 会计、审计（首席合伙人需具有中国国籍）

319. 国际经济、科技、环保、物流信息咨询服务

320. 以承接服务外包方式从事系统应用管理和维护、信息技术支持管理、银行后台服务、财务结算、软件开发、离岸呼叫中心、数据处理等信息技术和业务流程外包服务

321. 创业投资企业

322. 知识产权服务

323. 家庭服务业

八、科学研究和技术服务业

324. 生物工程与生物医学工程技术、生物质能源开发技术

325. 同位素、辐射及激光技术

326. 海洋开发及海洋能开发技术、海洋化学资源综合利用技术、相关产品开发和精深加工技术、海洋医药与生化制品开发技术

327. 海洋监测技术（海洋浪潮、气象、环境监测）、海底探测与大洋资源勘查评价技术

328. 综合利用海水淡化后的浓海水制盐，提取钾、溴、镁、锂及其深加工等海水化学资源高附加值利用技术

329. 海上石油污染清理与生态修复技术及相关产品开发，海水富营养化防治技术，海洋生物爆发性生长灾害防治技术，海岸带生态环境修复技术

330. 节能环保技术开发与服务

331. 资源再生及综合利用技术、企业生产排放物的再利用技术开发及其应用

332. 环境污染治理及监测技术

333. 化纤生产及印染加工的节能降耗、三废治理新技术

334. 防沙漠化及沙漠治理技术

335. 草畜平衡综合管理技术

336. 民用卫星应用技术

337. 研究开发中心

338. 高新技术、新产品开发与企业孵化中心

339. 物联网技术开发与应用

340. 工业设计、建筑设计、服装设计等创意产业

九、水利、环境和公共设施管理业

341. 综合水利枢纽的建设、经营（中方控股）

342. 城市封闭型道路建设、经营

343. 城市地铁、轻轨等轨道交通的建设、经营

344. 垃圾处理厂，危险废物处理处置厂（焚烧厂、填埋场）及环境污染治理设施的建设、经营

十、教育

345. 非学制类职业培训机构

十一、卫生和社会工作

346. 老年人、残疾人和儿童服务机构

347. 养老机构

十二、文化、体育和娱乐业

348. 演出场所经营

349. 体育场馆经营、健身、竞赛表演及体育培训和中介服务

限制外商投资产业目录

一、农、林、牧、渔业

1. 农作物新品种选育和种子生产（中方控股）

二、采矿业

2. 特殊和稀缺煤类勘查、开采（中方控股）

3. 贵金属（金、银、铂族）勘查、开采

4. 石墨勘查、开采

5. 锂矿开采、选矿

三、制造业

6. 豆油、菜籽油、花生油、棉籽油、茶油、葵花籽油、棕榈油等食用油脂加工（中方控股），大米、面粉、原糖加工，玉米深加工

7. 生物液体燃料（燃料乙醇、生物柴油）生产（中方控股）

8. 出版物印刷（中方控股）

9. 钨、钼、锡（锡化合物除外）、锑（含氧化锑和硫化锑）等稀有金属冶炼

10. 稀土冶炼、分离（限于合资、合作）

11. 汽车整车、专用汽车和摩托车制造：中方股比不低于50%，同一家外商可在国内建立两家（含两家）以下生产同类（乘用车类、商用车类、摩托车类）整车产品的合资企业，如与中方合资伙伴联合兼并国内其他汽车生产企业可不受两家的限制

12. 船舶（含分段）的修理、设计与制造（中方控股）

13. 卫星电视广播地面接收设施及关键件生产

四、电力、热力、燃气及水生产和供应业

14. 小电网范围内，单机容量30万千瓦及以下燃煤凝汽火电站、单机容量10万千瓦及以下燃煤凝汽抽汽两用机组热电联产电站的建设、经营

15. 城市人口50万以上的城市燃气、热力和供排水管网的建设、经营（中方控股）

五、交通运输、仓储和邮政业

16. 铁路旅客运输公司（中方控股）

17. 公路旅客运输公司

18. 水上运输公司（中方控股）

19. 公务飞行、空中游览、摄影、探矿、工业等通用航空公司（中方控股）

六、信息传输、软件和信息技术服务业

20. 电信公司：增值电信业务（外资比例不超过50%，电子商务除外），基础电信业务（外资比例不超过49%）

七、批发和零售业

21. 粮食收购，粮食、棉花批发，大型农产品批发市场建设、经营

22. 船舶代理（中方控股）、外轮理货（限于合资、合作）

23. 加油站（同一外国投资者设立超过30家分店、销售来自多个供应商的不同种类和品牌成品油的连锁加油站，由中方控股）建设、经营

八、金融业

24. 银行（单个境外金融机构及被其控制或共同控制的关联方作为发起人或战略投资者向单个中资商业银行投资入股比例不得超过20%，多个境外金融机构及被其控制或共同控制的关联方作为发起人或战略投资者投资入股比例合计不得超过25%，投资农村中小金融机构的境外金融机构必须是银行类金融机构）

25. 保险公司（寿险公司外资比例不超过50%）

26. 证券公司（设立时限于从事人民币普通股、外资股和政府债券、公司债券的承销与保荐，外资股的经纪，政府债券、公司债券的经纪和自营；设立满2年后符合条件的公司可申请扩大业务范围；外资比例不超过49%）、证券投资基金管理公司（外资比例不超过49%）

27. 期货公司（中方控股）

九、租赁和商务服务业

28. 市场调查（限于合资、合作，其中广播电视收听、收视调查要求中方控股）

29. 资信调查与评级服务公司

十、科学研究和技术服务业

30. 测绘公司（中方控股）

十一、教育

31. 高等教育机构（限于合作、中方主导）

32. 普通高中教育机构（限于合作、中方主导）

33. 学前教育机构（限于合作、中方主导）

十二、卫生和社会工作

34. 医疗机构（限于合资、合作）

十三、文化、体育和娱乐业

中方主导是指校长或者主要行政负责人应当具有中国国籍，中外合作办学机构的理事会、董事会或者联合管理委员会的中方组成人员不得少于1/2（下同）。

35. 广播电视节目、电影的制作业务（限于合作）

36. 电影院的建设、经营（中方控股）

37. 大型主题公园的建设、经营

38. 演出经纪机构（中方控股）

十四、国家法律法规和我国缔结或者参加的国际条约规定限制的其他产业

禁止外商投资产业目录

一、农、林、牧、渔业

1. 我国稀有和特有的珍贵优良品种的研发、养殖、种植以及相关繁殖材料的生产（包括种植业、畜牧业、水产业的优良基因）

2. 农作物、种畜禽、水产苗种转基因品种选育及其转基因种子（苗）生产

3. 我国管辖海域及内陆水域水产品捕捞

二、采矿业

4. 钨、钼、锡、锑、萤石勘查、开采

5. 稀土勘查、开采、选矿

6. 放射性矿产的勘查、开采、选矿

三、制造业

（一）医药制造业

7. 列入《野生药材资源保护管理条例》和《中国稀有濒危保护植

物名录》的中药材加工

8.中药饮片的蒸、炒、炙、煅等炮制技术的应用及中成药保密处方产品的生产

（二）石油加工、炼焦和核燃料加工业

9.放射性矿产冶炼、加工，核燃料生产

（三）专用设备制造业

10.武器弹药制造

（四）其他制造业

11.象牙雕刻

12.虎骨加工

13.宣纸、墨锭生产

四、电力、热力、燃气及水生产和供应业

14.大电网范围内，单机容量30万千瓦及以下燃煤凝汽火电站、单机容量20万千瓦及以下燃煤凝汽抽汽两用热电联产电站的建设、经营

五、交通运输、仓储和邮政业

15.空中交通管制

16.邮政公司、信件的国内快递业务

六、批发和零售业

17.烟叶、卷烟、复烤烟叶及其他烟草制品的批发、零售

七、租赁和商务服务业

18.社会调查

19. 中国法律事务咨询（提供有关中国法律环境影响的信息除外）

八、科学研究和技术服务业

20. 人体干细胞、基因诊断与治疗技术开发和应用

21. 大地测量、海洋测绘、测绘航空摄影、行政区域界线测绘、地形图、世界政区地图、全国政区地图、省级及以下政区地图、全国性教学地图、地方性教学地图和真三维地图编制、导航电子地图编制，区域性的地质填图、矿产地质、地球物理、地球化学、水文地质、环境地质、地质灾害、遥感地质等调查

九、水利、环境和公共设施管理业

22. 自然保护区和国际重要湿地的建设、经营

23. 国家保护的原产于我国的野生动、植物资源开发

十、教育

24. 义务教育机构，军事、警察、政治和党校等特殊领域教育机构

十一、文化、体育和娱乐业

25. 新闻机构

26. 图书、报纸、期刊的出版业务

27. 音像制品和电子出版物的出版、制作业务

28. 各级广播电台（站）、电视台（站）、广播电视频道（率）、广播电视传输覆盖网（发射台、转播台、广播电视卫星、卫星上行站、卫星收转站、微波站、监测台、有线广播电视传输覆盖网）

29. 广播电视节目制作经营公司

30. 电影制作公司、发行公司、院线公司

31. 新闻网站、网络出版服务、网络视听节目服务、互联网上网服务营业场所、互联网文化经营（音乐除外）

32. 经营文物拍卖的拍卖企业、文物商店

33. 高尔夫球场、别墅的建设

十二、其他行业

34. 危害军事设施安全和使用效能的项目

35. 博彩业（含赌博类跑马场）

36. 色情业

十三、国家法律法规和我国缔结或者参加的国际条约规定禁止的其他产业

注：《内地与香港关于建立更紧密经贸关系的安排》及其补充协议、《内地与澳门关于建立更紧密经贸关系的安排》及其补充协议、《海峡两岸经济合作框架协议》及其后续协议、我国与有关国家签订的自由贸易区协议、投资协定另有规定的，从其规定。